U0931175

晨诵夜读

古诗濡染稚子心

谢红新 编

人民文学出版社
PEOPLE'S LITERATURE PUBLISHING HOUSE

图书在版编目(CIP)数据

晨诵夜读:古诗濡染稚子心/谢红新编.—北京:人民文学出版社,2019(2020.5 重印)
ISBN 978-7-02-015359-6

Ⅰ.①晨… Ⅱ.①谢… Ⅲ.①古典诗歌-中国-小学-教学参考资料 Ⅳ.①G624.203

中国版本图书馆 CIP 数据核字(2019)第 111218 号

责任编辑 卜艳冰 尚 飞 吕昱雯
特约策划 金 中
装帧设计 汪佳诗

出版发行 人民文学出版社
社 址 北京市朝内大街 166 号
邮政编码 100705
网 址 http://www.rw-cn.com

印 制 莱芜市圣龙印务有限责任公司
经 销 全国新华书店等

字 数 145 千字
开 本 890 毫米×1240 毫米 1/32
印 张 7.75
版 次 2019 年 9 月北京第 1 版
印 次 2020 年 5 月第 2 次印刷

书 号 978-7-02-015359-6
定 价 35.00 元

如有印装质量问题,请与本社图书销售中心调换。电话:010-65233595

主　编

谢红新

副主编

杨　柳　包慧麟

统筹策划

杨　柳

编写人员

陈　方　符忠秀　高秋欢　关文静　郭　靖

江晓霞　刘凌妍　陆春雷　彭媛顾婧

钱彩萍　沈秀红　沈越萍　盛敏丽　汪雪芳

王　言　巫　红　沈亚妹　吴　倩　杨　婧

杨　文　俞长英　俞淑君　张　莉　张秋英

郑志荣　周　颖

序：诗意承文脉，经典润品格

民乐学校自建校至今已二十载，在“全人教育”办学理念的引领下，紧紧围绕学生核心素养的培育，致力于学校课程文化建设。我们始终立足“三乐·六美”课程群（“三乐”：乐学、乐思、乐行；“六美”：育德美心、怡文美情、格物美智、尚雅美艺、健体美形、崇思美行），倾力培养“博雅明理、乐学善思、笃行致远”的现代“全人”（“全人”，顾名思义就是完整的人，全面发展的人；培养“全人”就是最大限度地发挥人的潜能，全面提升人的价值）。

作为“三乐·六美”课程群之一，“怡文美情”课程群的开发建设，就是着眼于“以文化人、以文美情”，就是着眼于学生亲身体验、自主感悟、情感熏陶，就是着眼于学生人文素养的提升。《晨诵夜读》人文读本，就是“怡文美情”课程群中的校本精品读本之一。

纵观中华五千年文明史，中华文化已是中华民族永远不能离别的精神家园。正如习总书记所说：纵览世界史，一个民族的崛起或复兴，常常以民族文化的复兴和民族精神的崛起为先导。一个民族的衰落或覆灭，往往以民族文化的颓废和民族精神的萎靡为先兆。为使学生拥有“民族魂”的根基，筑牢学生人生成长的精神底色，通过传统文化浸润来更好地立足“本来”、吸收“外来”、面向“未来”，民乐学校全校语文教师，积极投入到了《晨诵夜读》人文精品读本的编撰中。我们精心遴选了适合青少年“诵”“读”的古诗，以诗中灵动的山水美景、人生美德、语言美声滋养学生的心灵，以期让学生在“晨诵”“夜读”中，打好人生中的民族文化底色。

我们希望孩子们将《晨诵夜读》置于案头，在清晨的校园、春日的午后或做作业的间隙，翻开并大声诵读；也可在宁静的夜晚，与父母一同吟诵，亲子共读，共同品味诗歌的韵律，体味诗中蕴含的智慧。当孩子们将这些优美的诗歌熟稔于心后，即使将来未必有机缘深入研究古诗词，也能对中华传统文化有所思、有所悟。年少时期吟诵诗词，培养学习兴趣，将为日后继续学习、走好人生正道打下厚实的基础。

《晨诵夜读》人文读本中的每首古诗不再是躺在纸上的一个个字符，而是立体的，彩色的，有声，有色，有形。“四时节令”“山水田园”，向孩子们诉说四季变换、名山大川的美好；“抒怀言志”“幽思怀人”“离情别意”“边塞风云”，向孩子们传达社会百态和人生如羁旅的思索；“古今兴亡”教导孩子们以史为鉴，博雅大气。愿孩子们在吟诵中被传统文化滋养，精神获得成长。

另外，我们为每首诗均设计了注释环节，可在理解上助孩子们一臂之力。考虑到孩子们年龄尚小，并不能够完全把握诗歌要义，每首古诗还配有赏析，并有思考问题以启迪童心。同时，还有吟诵方式的教学，通过对诗歌格律的学习，体会诗中的审美韵味和精神内涵。

愿民乐学子能从《晨诵夜读》中，遇见那一篇篇或意蕴悠长，或胸怀大气的诗歌，光华闪耀，穿透历史的烟尘。更愿民乐学子收获根植于传统文化积淀之上的高雅情趣，用诗意承文脉，诵经典以润品格！

民乐学校校长　谢红新

2019 年 3 月 28 日

目录

抒怀言志

幽思怀人

离情别意

边塞风云

古今兴亡

四时节令

寒　食[①]

唐　韩翃

春城无处不飞花，寒食东风御柳[②]斜。
日暮汉宫传蜡烛[③]，轻烟散入五侯[④]家。

注解

① 寒食：每年冬至以后的第一百零五天为寒食节，大概是清明节的前两天。据《左传》所载，晋文公火烧绵山求介之推，没想到他却抱着大树活活被烧死，晋国人为了悼念他，每年的这一天禁火，只吃冷食，所以称寒食。

② 御柳：皇帝御花园里的柳树。

③ 传蜡烛：虽然寒食节禁火，但公侯之家受赐可以点蜡烛。

④ 五侯：汉桓帝曾在一天之中封了五个得宠的宦官为侯，世称五侯。

意译

春天的长安城处处飘飞着落花；寒食节的东风把御园柳枝吹斜。

黄昏时，宫中传出御赐的烛火，轻烟飘散进了新封的王侯之家。

简介

韩翃，唐代诗人，字君平，南阳（今河南南阳）人，是“大历十才子”之一。天宝十三载（754）考中进士，宝应年间在淄青节度使侯希逸幕府中任从事，后随侯希逸回朝，闲居长安十年。建中年间，因作《寒食》被唐德宗所赏识。据唐代《本事诗》载，唐德宗御批提拔韩翃为驾部郎中知制诰。当时江淮刺史也名叫韩翃，又以同名同进。德宗便亲书“春城无处不飞花”全诗，并批道“与此韩翃”，成为一时佳话，流传天下。韩翃的诗笔法轻巧，写景别致，在当时传诵很广。

作意

这是一首讽刺诗。寒食节禁火，然而受宠的宦者，却得到皇帝的特赐火烛，享有特权。诗是讥讽宦者的得宠。因此，蘅塘退士批注：“唐代宦者之盛，不减于桓、灵。此诗比讽深远。”首二句写仲春景色，后二句暗寓讽喻之情。诗不直接讽刺，而只描摹特权阶层的生活，含隐巧妙，入木三分。

作法

首二句只说寒食时节的风景。写“花”偏说“飞”，写“柳”偏说“斜”，下字已含轻薄之意。三句以“传蜡烛”的典故，扣住“寒食”。四句不说别处，偏说“五侯家”，则是明指宦官之得宠，而能传赐蜡烛。寓意深刻，不加讥刺，而已甚于讥刺。孔子说：“诗可以兴，可以观，可以群，可以怨。”这种诗，就是兴怨的一种。

诵读方法

春城｜无处｜不飞花，寒食｜东风｜御柳斜。
○○　○●　●○○△　○●　○○　●●○△

日暮｜汉宫｜传蜡烛，轻烟｜散入｜五侯家。
●●　●○　○●●　○○　●●　●○○△

(○平声　●仄声　△押韵　◉△换仄声韵　◎△换平声韵　下同)

推敲思考

1.“春城无处不飞花，寒食东风御柳斜”，这两句描写了怎样的一种景色？

2. 这首诗后两句表达了诗人怎样的情感？

（张秋英　编）

落　花

唐　李商隐

高阁客竟去①，小园花乱飞。
参差②连曲陌③，迢递④送斜晖。
肠断未忍扫，眼穿仍欲归⑤。
芳心⑥向春尽，所得是沾衣⑦。

注解

① 客竟去：客人最终都离去了。

② 参差：错落不齐的样子。

③ 曲陌：曲折的小径。

④ 迢递（tiáo dì）：高远貌。此处指落花飞舞之高远者。

⑤ 仍欲归：仍然希望其能归还枝头。

⑥ 芳心：这里既指花的精魂，又指爱花人的心境。

⑦ 沾衣：这里既指落花依依沾在人的衣服之上，又指爱花人因伤心而抛洒的泪滴。

意译

高阁上的游客们已经都离去了，小园的春花随风凋零纷纷乱飞。

花影参差迷离，接连着弯弯小径；远望落花回舞，映着斜阳的余晖。

我肝肠欲断，不忍把落红扫去；望眼欲穿盼来春天，却仍匆匆归去。

爱花惜花，自然要怨春去得太早；春尽花谢，所得的只是落泪沾衣。

简介

李商隐（约813—约858），字义山，号玉溪（谿）生、樊南生，祖籍河内（今河南省焦作市）沁阳，出生于郑州荥阳。晚唐诗人，擅长诗歌写作，是晚唐最出色的诗人之一，骈文的文学价值也很高。和杜牧合称“小李杜”，与温庭筠合称为“温李”，因诗文与同时期的段成式、温庭筠风格相近，且三人都在家族里排行第十六，故并称为“三十六体”。这首咏物诗是诗人于唐武宗会昌六年闲居永乐期间所作。当时李商隐的境况很不如意，于是便借园中的落花抒发自己忧伤身世之感。

作意

这是专咏落花的诗，一片伤春之感，委曲动人。

作法

小园花飞，故高阁客去，起首二句，可以倒置。颔联即从“飞”字生发，“参差”是花影迷乱，“迢递”是映日回风，写落花的动态，刻画入微。颈联“未忍扫”是指花，“仍欲归”是怨春，又是写落花的静态，情思如痴。花因春尽而落，我心亦因花落而尽，那得不泪下沾衣？是春花两收的结法。

诵读方法

高阁｜客｜竟去，小园｜花｜乱飞。
○● ● ●● ●○ ○ ●○△
参差｜连｜曲陌，迢递｜送｜斜晖。
○○ ○ ●● ○● ● ○○△
肠断｜未｜忍扫，眼穿｜仍｜欲归。
○● ● ●● ●○ ○ ●○△
芳心｜向｜春尽，所得｜是｜沾衣。
○○ ● ○● ●● ● ○○△

推敲思考

1. 这首诗写的是什么季节？

2. 有人说诗中“肠断”一词传神，你认为如何？试作简要赏析。

（吴蒨　编）

秋　夕

唐　杜牧

银烛秋光冷画屏[1]，轻罗[2]小扇扑流萤[3]。
天阶[4]夜色凉如水，卧看牵牛织女星[5]。

秋夕

注解

① 画屏：画有图案的屏风。

② 轻罗：柔软的丝织品。

③ 流萤：飞动的萤火虫。

④ 天阶：露天的石阶。

⑤ 牵牛织女星：两个星座的名字。

意译

秋夜，白色的烛光映着冷清的画屏；我手执绫罗小扇，轻盈地扑打流萤。

台阶上的夜色，有如井水般的清凉；卧着仰望星空，牵牛星正对织女星。

简介

杜牧（803—约852），字牧之，京兆万年（今陕西西安）人，唐代诗人，人称“小杜”，与李商隐并称“小李杜”。因晚年居长安南樊川别墅，故后世称杜樊川，著有《樊川文集》。

作意

此诗大意是在写宫中秋怨。

作法

首句写秋景，用一“冷”字，可见宫中寂寞境况。二句写宫人无聊中的游戏，排解寂寞与无聊。三句加“凉如水”是写夜深，以“天阶夜色”一转，转出卧看双星，意谓双星犹能在七夕渡河相会，何以我久处冷宫，无相见之日。不言怨而怨自在言外，这种间接写法，在宫词中很多。蘅塘退士评此诗谓：“层层布景，是一幅着色人物画，只‘卧看’二字，逗出情思，便通身灵活。”

诵读方法

银烛秋光｜冷画屏，轻罗小扇｜扑流萤。
○●○○　●●○△　○○●●　●○○△
天街夜色｜凉如水，卧看｜牵牛织女星。
○○●●　○○●　●●　○○●●○△

推敲思考

1. 这首诗是写宫怨的，描写了宫女在秋夜中的寂寞凄凉和百无聊赖。你觉得哪些描写最能体现宫女的这种心情？用原句回答。

2. 你觉得全诗中哪一个字用得最好？摘出来并说说好在哪里。

（张秋英　编）

山居秋暝①

唐　王维

空山②新③雨后，天气晚来秋。
明月松间照，清泉石上流。
竹喧④归浣女⑤，莲动下渔舟。
随意⑥春芳⑦歇⑧，王孙⑨自可留⑩。

注解

① 暝（míng）：日落，天色将晚。

② 空山：空旷、空寂的山野。

③ 新：刚刚。

④ 喧：喧哗，这里指竹叶发出的沙沙声响。

⑤ 浣（huàn）女：洗衣服的姑娘。浣，洗涤衣物。

⑥ 随意：任凭。

⑦ 春芳：春天的花草。

⑧ 歇：消散，消失。

⑨ 王孙：原指贵族子弟，后来也泛指隐居的人。

⑩ 留：居。

意译

空旷的群山沐浴了一场新雨，秋天的夜晚降临，空气凉爽。

皎皎明月从松隙间洒下清光；清清泉水在山石上淙淙流淌。

竹林喧响，知是洗衣姑娘归来；莲叶轻摇，想是上游荡下轻舟。

春日的芳菲不妨任随它消歇，山中的王孙自可以长久居留。

简介

王维（701—761），字摩诘，盛唐诗人。祁州（今山西祁县）人，后移居蒲州（今山西永济）。王维出生在一个官僚地主家庭，多才多艺，不仅诗歌造诣很高，诗名很盛，还精通书画和音乐。开元九年（721），王维中进士，历任右拾遗、监察御史。安史叛军攻入长安时被俘，被迫任伪职。长安收复后，降为太子中允。官至尚书右丞，世称王右丞。世人称其为“诗佛”。

这首诗写初秋时节山居所见雨后黄昏的景色，当是王维隐居终南山下辋川别业（别墅）时所作。在那“空山”之中又找到了一个称心的世外桃源，所以就情不自禁地说：“随意春芳歇，王孙自可留！”本来，《楚辞·招隐士》说：“王孙兮归来，山中兮不可久留！”诗人的体会恰好相反，他觉得“山中”比“朝中”好，洁净纯朴，可以远离官场而洁身自好，所以就决然归隐了。

作意

这首诗为山水名篇，于诗情画意之中寄托着诗人高洁的情怀和对理想境界的追求。

作法

诗的中间两联同是写景，而各有侧重。颔联侧重写物，以物芳而明志洁；颈联侧重写人，以人和而望政通。同时，二者又互为补充，泉水、青松、翠竹、青莲，可以说都是诗人高尚情操的写照，都是诗人理想境界的环境烘托。

这首诗的一个重要的艺术手法，是以自然美来表现诗人的人格美和一种理想中的社会之美。表面看来，这首诗只是用“赋”的方法模山范水，对景物作细致感人的刻画，实际上通篇都是比兴。诗人通过对山水的描绘寄慨言志，含蕴丰富，耐人寻味。

诵读方法

空山 | 新雨后，天气 | 晚来秋。
○○ ○●● ○● ●○○△
明月 | 松间照，清泉 | 石上流。
○● ○○● ○○ ●●○△
竹喧 | 归 | 浣女，莲动 | 下 | 渔舟。
●○ ○ ●● ○● ● ○○△
随意 | 春芳 | 歇，王孙 | 自可留。
○● ○○ ● ○○ ●●○△

推敲思考

1. 诗中描写的景物有哪些？

2. 明明有浣女在洗衣服，有渔人在打鱼，为什么却说是空山？

（杨文　编）

九月九日忆山东兄弟①

唐　王维

独在异乡②为异客③，每逢佳节倍思亲。

遥知兄弟登高④处，遍插茱萸⑤少一人。

注解

① 九月九日：即重阳节。古以九为阳数，故曰重阳。忆：想念。山东：王维迁居于蒲县（今山西永济县），在函谷关与华山以东，所以称山东。

② 异乡：他乡、外乡。

③ 为异客：作他乡的客人。

④ 登高：古有重阳节登高的风俗。

⑤ 茱萸（zhū yú）：一种香草。古时人们认为重阳节插戴茱萸可以避灾克邪。

意译

我独自漂泊在外作异乡之客，每逢佳节到来加倍思念亲人。

遥想家乡兄弟们登高的时候，遍插茱萸时唯独少我一个人。

简介

王维这首《九月九日忆山东兄弟》诗收于《全唐诗》卷一百二十八。此诗原注："时年十七。"说明这是王维十七岁时的作品。王维当时独自一人漂泊在洛阳与长安之间。

作意

此诗因重阳节思念家乡的亲人而作。

作法

第一句用了一个"独"字，两个"异"字，分量下得很足。对亲人的思念，对自己孤孑处境的感受，都凝聚在这个"独"字里面。"异乡为异客"，不过说他乡作客，两个"异"字，体现了诗人强烈的孤独感。而第二句的一个"倍"字又体现了平日也无日不思乡，至佳节尤甚而已。三四两句，不说兄弟忆我，我忆兄弟，偏说遍插茱萸少我一人，悲怀自见。

诵读方法

独在｜异乡｜为｜异客，每逢｜佳节｜倍｜思亲。
●● ●○ ○ ●● ●○ ○● ● ○○△

遥知｜兄弟｜登｜高处，遍插｜茱萸｜少｜一人。
○○ ○● ○ ○● ●● ○○ ● ●○△

推敲思考

1. 诗中哪句话最能体现诗人对家乡的思念之情？

2. 在这首诗中，我们了解到了农历九月九日有登高等习俗，想想看，我们中国还有哪些传统佳节被诗人们书写了出来呢？和家长一起找一找，读一读吧。

（刘凌妍　编）

秋夜寄丘员外[1]

唐　韦应物

怀君属[2]秋夜，散步咏凉天。
山空松子落，幽人[3]应未眠。

注解

① 丘员外：名丹，苏州人，曾拜尚书郎，后隐居平山上。

② 属：正值，适逢，恰好。

秋夜寄丘员外

③ 幽人：幽居隐逸的人，悠闲的人，指丘员外。

意译

在这悲凉的秋夜怀念你，我独自散步咏叹凉爽的秋天。

想此刻空山寂静，能听到松子的落地声，幽居的你也一定在思友而难以成眠。

简介

韦应物（737—792），中唐著名诗人，长安（今陕西西安）人。望族出身，少为皇帝侍卫，后入太学，折节读书。代宗朝入仕途，历任洛阳丞、滁州刺史、江州刺史、苏州刺史，罢官后，闲居苏州诸佛寺，直至终年。其诗多写山水田园，高雅闲淡，平和之中时露幽愤之情。他的反映民间疾苦的诗，颇富同情心。今有十卷本《韦江州集》、两卷本《韦苏州诗集》、十卷本《韦苏州集》传世。他的五言绝句，一向为诗论家所推崇。《秋夜寄丘员外》是他的五绝代表作之一。

作意

诗人与丘丹在苏州时过往甚密，丘丹在临平山学道时，诗人写此诗以寄怀。秋夜容易引起怀人之感，因自己生感，想到别人也有同感。

作法

诗的前两句，写自己因秋夜怀人而徘徊沉吟的情景；后两句想象所怀念的人这时也在怀念自己而难以成眠。隐士常以松子为食，因而想到松子脱落季节即想起对方。一样秋色，异地相思，一种真诚的友谊自然流露。

诵读方法

怀君｜属｜秋夜，散步｜咏｜凉天。
○○　●　○●　●●　●　○○△
空山｜松子｜落，幽人｜应｜未眠。
○○　○●　●　○○　○　●○△

推敲思考

1. 这首诗中哪两句是写作者的想象？

2. 和家长一起诵读此诗，感受一下作者对友人的怀念之情。

（俞长英　编）

登　高①

唐　杜甫

风急天高猿啸哀②，渚③清沙白鸟飞回④。
无边落木⑤萧萧⑥下，不尽长江滚滚来。

万里[7]悲秋常作客[8]，百年[9]多病独登台。

艰难[10]苦恨[11]繁霜鬓[12]，潦倒[13]新停[14]浊酒杯。

注解

① 选自《杜诗详注》，作于唐代宗大历二年（767）秋天的重阳节。古代农历九月九日有登高习俗，诗题一作《九日登高》。

② 啸哀：指猿的叫声凄厉。

③ 渚（zhǔ）：水中的小块陆地。

④ 鸟飞回：鸟在急风中飞舞盘旋。

⑤ 落木：指秋天飘落的树叶。

⑥ 萧萧：模拟草木飘落的声音。

⑦ 万里：指远离故乡。

⑧ 常作客：长期漂泊他乡。

⑨ 百年：这里借指晚年。

⑩ 艰难：兼指国运和自身命运。

⑪ 苦恨：极其遗憾。苦，极。

⑫ 繁霜鬓：形容白发多，如鬓边着霜雪。繁，这里作动词，增多。

⑬ 潦倒：犹言困顿，衰颓，失意。这里指衰老多病，志不得伸。

⑭ 新停：刚刚停止。杜甫晚年因病戒酒，所以说“新停”。

意译

天高风急秋气肃杀，猿啼十分悲凉；清清河洲白白沙岸，鸥鹭低空飞回。

落叶飘然无边无际，层层纷纷撒下；无尽长江汹涌澎湃，滚滚奔腾而来。

离乡万里作客悲秋，我常到处漂泊；有生以来疾病缠身，今日独登高台。

时世艰难生活困苦，常恨鬓如霜白；困顿潦倒精神衰颓，我且戒酒停杯。

简介

杜甫（712—770），字子美，自号少陵野老，世称杜工部、杜少陵等，河南府巩县（今河南省巩义市）人，唐代伟大的现实主义诗人，被世人尊为“诗圣”，与李白合称“李杜”，其诗被称为“诗史”。他忧国忧民，人格高尚，有一千四百余首诗被保留了下来，其诗艺精湛，在中国古典诗歌中备受推崇，影响深远。759 年至 766 年间曾居成都，后世有杜甫草堂纪念。

作意

杜甫的《登高》作于公元 767 年秋。当时安史之乱已经结束四年了，但藩镇又乘时而起，相互争夺地盘。杜甫本入严武幕府，依托严武。不久严武病逝，杜甫失去依靠，只好离开经营了五六年的成都草堂，买舟南下。本想直达夔门，却因病魔缠身，在云安待了几个月后才到夔州。由于当地都督的照顾，他在此一住就是三个年头。而就在这三年里，他的生活依然很困苦，身体也非常不好。这首诗就是五十六岁的诗人在这极端困窘的情况下写成的。那一天，他独自登上夔州白帝城外的高台，登高临眺，百感交集。望中所见，激起意中所触；萧瑟的秋江景色，引发了他身世飘零的感慨，渗入了他老病孤愁的悲哀。于是，就有了这首被誉为“古今七言律第一”的旷世之作。

作法

全诗通过登高所见秋江景色，倾诉了诗人长年漂泊、老病孤愁的复杂感情，慷慨激越，动人心弦。前半首写登高所闻所见情景，是写景；后半首写登高时的感触，是抒情。首联着重刻画眼前具体景物；颔联着重渲染秋天气氛；颈联抒发感情，由异乡漂泊写到多病残生；尾联写白发日多，因病断酒，映衬时世艰难。

全诗八句都对仗，金性尧以为“是杜诗中最能表现大气盘旋、悲凉沉郁之作”。

诵读方法

风急｜天高｜猿啸哀，渚清｜沙白｜鸟飞回。
○● ○○ ○●○△ ●○ ○● ●○○△

无边 | 落木 | 萧萧下，不尽 | 长江 | 滚滚来。
○○ ●● ○○● ●● ○○ ●●○△
万里 | 悲秋 | 常作客，百年 | 多病 | 独登台。
●● ○○ ○●● ●○ ○● ●○○△
艰难 | 苦恨 | 繁霜鬓，潦倒 | 新停 | 浊酒杯。
○○ ●● ○○● ●● ○○ ●●○△

推敲思考

1. 颔联集中表现了秋天怎样的景象？抒发了诗人什么样的感情？

2. 这是一首被誉为“古今七言律第一”的旷世之作。与家长一起找一首毛泽东写的七律诗，读背交流。

（高秋欢　编）

问刘十九①

唐　白居易

绿蚁②新醅酒，红泥小火炉。
晚来天欲③雪，能饮一杯无④？

注解

① 刘十九：未详。作者另有《刘十九同宿》诗，有“唯共嵩阳刘处士”语，应是河南登封市人。十九，指排名。

② 绿蚁：指新酿的酒。酒未滤清时，酒面浮起细如蚁的微绿酒渣，称为“绿蚁”。亦可借用作酒的名称。

③ 欲：将要。

④ 无：同“否”。

意译

新酿的米酒，色绿香浓；小小的红泥炉，烧得殷红。

天快黑了，大雪要来了，朋友，能不能共饮一杯呢？

简介

白居易（772—846），字乐天，号香山居士，又号醉吟先生，河南新郑（今河南郑州新郑市）人，唐代伟大的现实主义诗人，唐代三大诗人之一。他二十八岁时就考中进士，一举成名，十分得意。诗作多有豪气和对世事的抨击，直到四十四岁被贬为江州（今江西九江）司马，他的生活和创作上有了一个大转变。在沉郁中，他寄情山水，诗作才渐转为不问世事的风格，晚年隐居洛阳，皈依佛教，潜心修行。

《问刘十九》乃白居易晚年隐居洛阳，“天晚欲雪，思念旧人”时所作。也有人误认为此诗作于元和十二年（817），但诗人时任江州司马，不可能邀约洛阳故旧对饮。

作意

这首诗描写雪天邀友小饮御寒，促膝夜话。作品充满了生活的情调，浅显的语言写出了日常生活中的美和真挚的友谊。

作法

此诗前两句相对。因酒而看到温酒的小火炉，又因火炉而觉天寒欲雪，独酌无味，故邀其来同饮。“能饮一杯无”，做出“问”字的神情。不问其能来不能来，但问其能饮不能饮。诗人用短短的二十个字，巧妙地勾画了新酒、火炉、黄昏、冬天的场面，突出了想友、邀友的情感。

诵读方法

绿蚁｜新醅｜酒，红泥｜小火｜炉。
●●　○○　●　○○　●●　○△
晚来｜天欲｜雪，能饮｜一杯｜无？
●○　○●　●　○●　●○　○△

推敲思考

1. 题目中的“问”，是委婉的说法，其实是什么意思呢？

2. 诗人还写过其他与刘十九有关的诗，查阅资料，找出来，和家人一起读一读吧！

（王言　编）

江　雪

唐　柳宗元

千山鸟飞绝①，万径②人踪③灭④。

孤舟⑤蓑笠⑥翁，独⑦钓⑧寒江雪。

注解

① 绝：无，没有。

② 万径：虚指，指千万条路。

③ 人踪：人的踪迹。

④ 灭：消失，没有了。

⑤ 孤舟：孤零零的小船。

⑥ 蓑笠（suō lì）：蓑衣和斗笠。蓑是古代用来防雨的衣服，笠是古代用来防雨的帽子。

⑦ 独：独自。

⑧ 钓：钓鱼。

意译

四周的山上没有了飞鸟的踪影，小路上连一丝人的踪迹也没有。

只有江上的一只小船里有个披着蓑衣、戴着斗笠的老翁，在寒冷的江上独自垂钓。

简介

柳宗元（773—819），字子厚，河东（现山西芮城、运城一带）人，唐代文学家、哲学家，唐宋八大家之一，世称柳河东、河东先生。

永贞革新失败后，柳宗元被贬到永州，精神上受到很大刺激和压抑，于是，他就借描写山水景物，借歌咏隐居在山水之间的渔翁，来寄托自己清高而孤傲的情感，抒发自己在政治上失意的郁闷苦恼。

作意

本篇是咏江乡雪景。

作法

诗的前两句虽是咏山及原野，但为什么会绝会灭？其中就暗藏一“雪”字，雪大了，所以鸟飞绝，人踪灭。此二句是故作奇险语，读了之后，似乎觉得咏雪景已完全无遗，下文已无话可说。不料他竟能别开境界，再从江面上设法，用孤舟独钓，来点缀雪景，天然的景物，一经凑合，便成一幅极妙的雪景图。蘅塘退士评此诗：“二十字可作二十层，却是一片，故奇。”

诵读方法

千山｜鸟飞｜绝，万径｜人踪｜灭。
● ○　● ○　●△　● ●　○ ○　●△

孤舟｜蓑笠｜翁，独钓｜寒江｜雪。

○○　○●　○　●●　○○　●△

推敲思考

1. 诗句“千山鸟飞绝，万径人踪灭”采用了哪些修辞手法?

2. 说说本诗表达了诗人怎样的思想感情及体现这些思想感情的关键词语。

（吴蒨　编）

山水田园

望　岳

唐　杜甫

岱宗夫如何？ 齐鲁①青未了②。
造化钟神秀③，阴阳割昏晓④。
荡胸生层云⑤，决眦入归鸟⑥。
会当凌绝顶，一览众山小⑦。

注解

① 齐鲁：《史记·货殖传》：“泰山之阳则鲁，其阴则齐。”

② 未了：不断的样子。

③ 造化钟神秀：这句是说天地神秀之气，都聚于泰山。造化，意即天地。钟，聚的意思。

④ 阴阳割昏晓：山后为阴，日光不到，所以易昏。山前为阳，日光先临，所以易晓。割，分的意思。

⑤ 荡胸生层云：层云动荡，胸襟不觉浩荡。

⑥ 决眦入归鸟：归鸟入目，眼界就觉空阔。眦（zì），眼皮。

⑦ 会当凌绝顶，一览众山小：《扬子·法言》：“登东岳者，然后知众山之峛也。”也就是孔子登泰山而小天下的意思。

意译

泰山呵，你究竟有多么宏伟壮丽？你既挺拔苍翠，又横跨齐鲁两地。

造物者给你集中了瑰丽和神奇，你高峻的山峰，把南北分成晨夕。

望层层云气升腾，令人胸怀荡涤；看归鸟回旋入山，使人眼眶欲裂。

有朝一日，我要登上你的巅峰，把周围矮小的群山们，一览无遗！

简介

杜甫（712—770），字子美，自号少陵野老，世称杜工部、杜少陵等，河南府巩县（今河南省巩义市）人，唐代伟大的现实主义诗人，杜甫被世人尊为“诗圣”，与李白合称“李杜”，其诗被称为“诗史”。他忧国忧民，人格高尚，有一千四百余首诗被保留了下来，诗艺精湛，在中国古典诗歌中备受推崇，影响深远。759 年至 766 年间曾居成都，后世有杜甫草堂纪念。

作意

题目是“望”，不是“登”，所以句句从“望”字着想，有可望而不可即的感想。全诗大意也就在此。

作法

分前后两段，前段是写岳，含有望字。后段是写望，含有岳字。“会当”是希望之辞，结于望字。仇兆鳌说此诗用四层写，一二句是远望之色，三四句是近望之势，五六句是细望之景，七八句是极望之情。上六句是实叙，下二句是虚摹。这种看法，层次格外来得明白。

诵读方法

岱宗｜夫如何？齐鲁｜青未了。
● ○　○ ○ ○　○ ●　○ ● ●△
造化｜钟神秀，阴阳｜割昏晓。
● ●　○ ○ ●　○ ○　● ○ ●△
荡胸｜生层云，决眦｜入归鸟。
● ○　○ ○ ○　● ●　● ○ ●△
会当｜凌绝顶，一览｜众山小。
● ○　○ ● ●　● ●　● ○ ●△

推敲思考

1. 这首诗的颔联是描写近望泰山所见景物，其中“钟”“割”两字用得好，历来被人称道。请简要分析“割”字好在何处。

2. “会当凌绝顶，一览众山小。”与王安石的“＿＿＿＿＿，

__________”和孔子“__________，__________”有异曲同工之妙。

（陆春雷　编）

次北固山下[①]

唐　王湾

客路青山下，行舟绿水前。
潮平两岸阔[②]，风正一帆悬[③]。
海日[④]生残夜[⑤]，江春入旧年。
乡书何处达？归雁[⑥]洛阳边。

注解

① 次：旅途中暂时停宿，这里是停泊的意思。北固山：在今江苏镇江北，三面临水，倚长江而立。

② 潮平两岸阔：潮水涨满时，两岸之间水面宽阔。

③ 风正一帆悬：顺风行船，风帆垂直悬挂。风正，风顺。悬，挂。

④ 海日：海上的旭日。

⑤ 残夜：夜将尽之时。

次北固山下

⑥ 归雁：北归的大雁。大雁每年秋天飞往南方，春天飞往北方。古代有用大雁传递书信的传说。

意译

孤单漂泊在青山之外，独自行舟在绿水之间。

潮水上涨，两岸之间更显宽阔；顺风吹来，一条白帆垂直高悬。

夜色将尽，海上旭日东升；新年未至，江中春意已现。

家书既已寄出，会被送往何处？希望北归大雁，送到洛阳之边。

简介

王湾，唐朝诗人，洛阳人。玄宗先天元年（712）进士及第，授荥（xíng）阳县主簿。后受荐编书，参与《群书四部录》的编撰辑集工作，书成之后，因功授任洛阳尉。王湾“词翰早著”，现存诗十首，其中最出名的是《次北固山下》。

作意

这是一首写风景的诗，此诗以准确精练的语言，描写了冬末春初时，作者在北固山下停泊时所见到青山绿水、潮平岸阔等壮丽之景，就长江的风景，引起旅途的乡愁，是谓即景生情。

作法

这诗也是对起，青山指北固山，绿水指长江。青山绿水寻常用了，未免近于俚俗，但此处加了“下”“前”两字，却将北固山的位置，确定得不能用于别处。见得旅程介于水陆之间，因此和下联“两岸”“一帆”描写水陆发生密切的关系。颔联完全是写景，其中“平”“阔”“正”“悬”都是诗眼。因为潮平两岸即加阔，风正一帆像挂着（按：《河岳英灵集》作“潮平两岸失”，“失”字亦有理）。颈联在那时，张燕公非常称赏，以为可作文章楷式。因为此联是即景抒情，见得海日又生残夜，江春已入旧年，日复一日，年复一年，作客日久，引动归思，就结出盼望乡书欲借雁足以传也。作律体全要注重层次分明，倘然将其中两联前后互易，那就紊乱而不合理了。

诵读方法

客路｜青山下，行舟｜绿水前。
●● ○○● ○○ ●●○△
潮平｜两岸阔，风正｜一帆悬。
○○ ●●● ○● ●○○△
海日｜生｜残夜，江春｜入｜旧年。
●● ○ ○● ○○ ● ●○△
乡书｜何处达？归雁｜洛阳边。
○○ ○●● ○● ●○○△

推敲思考

1. 诗中哪些词语体现了诗人的情感？

2. 还有哪些意象也是表达思乡之情的？请查阅资料。

（彭媛顾婧　编）

滁州西涧①

唐　韦应物

独怜②幽草③涧边生，上有黄鹂深树④鸣。
春潮⑤带雨晚来急，野渡⑥无人舟自横⑦。

注解

① 西涧：在滁州城西，俗称上马河。

② 独怜：唯独喜欢。

③ 幽草：幽谷里的小草。

④ 深树：枝叶茂密的树。

⑤ 春潮：春天的潮汐。

⑥ 野渡：郊野的渡口。

⑦ 横：指随意飘浮。

意译

我喜爱生长在涧边的幽草，黄莺在幽深的树丛中啼鸣。

春潮夹带着暮雨流得湍急，唯有无人的小船横向江心。

简介

韦应物，唐代诗人，长安人。他的诗风恬淡高远，以善于写景和描写隐逸生活著称。

作意

这是咏西涧在晚潮时雨中景物。

作法

此诗可分作两层看法，一二两句是近看，三四两句是平望。“涧边”“深树”，已有雨意。“春潮带雨”再加“急”字，又闻其声。雨至故“无人”，潮来故“舟横”，一幅荒江渡日景象，宛在目前，是在造意用字之妙。

诵读方法

独怜｜幽草｜涧边生，上有｜黄鹂｜深树鸣。
●○　○●　●○○△　●●　○○　○●○△
春潮｜带雨｜晚来急，野渡｜无人｜舟自横。
○○　●●　●○●　●●　○○　○●○△

推敲思考

1. 诗人笔下到底写出了哪些美景呢？用自己喜欢的符号画出诗中所描写的景物。

2. 作者借着涧中的景色表明了自己的志向，这种写作手法叫作什么？

（符忠秀　编）

枫桥夜泊[①]

唐　张继

月落乌啼[②]霜满天[③]，江枫[④]渔火[⑤]对愁眠[⑥]。
姑苏[⑦]城外寒山寺[⑧]，夜半钟声到客船。

注解

① 枫桥：在今苏州市阊门外。夜泊：夜间把船停靠在岸边。

② 乌啼：一说为乌鸦啼鸣，一说为乌啼镇。

③ 霜满天：霜不可能满天，这个“霜”字应当作严寒体会；霜满天，是天气极冷的形象语。

④ 江枫：一般解释作“江边枫树”，江指吴淞江，源自太湖，流经上海，汇入长江，俗称苏州河。

⑤ 渔火：通常解释“渔火”就是渔船上的灯火，也有说法认为“渔火”实际上是一同打鱼的伙伴。

⑥ 对愁眠：伴愁眠之意。

⑦ 姑苏：苏州的别称，因城西南有姑苏山而得名。

⑧ 寒山寺：在枫桥附近，始建于南朝梁代。

意译

月已落下，乌鸦仍然在啼叫着，暮色朦胧，漫天霜色；江边枫树与船上渔火，难抵我独自一人傍愁而眠。

姑苏城外那寂寞清静的寒山古寺，半夜里敲响的钟声传到了我乘坐的客船里。

简介

张继，字懿孙，汉族，襄州（今湖北襄阳）人，唐代诗人。他的生平不详，据诸家记录，仅知他是天宝十二载（753）的进士。大历中，以检校祠部员外郎于洪州（今江西南昌市）分掌财赋。他的诗爽朗激越，不事雕琢，比兴幽深，事理双切，对后世颇有影响。他最著名的诗是《枫桥夜泊》。

作意

此诗大意是叙旅客夜宿舟中的情景。

作法

此诗时间完全是在半夜，所以首句即说“月落”与末句“夜半”相呼应。并以“乌啼”与“钟声”相呼应。“霜满”

"江枫"，隐指时令为秋。将所见所闻，两两互写，组织成一幅夜泊愁眠的图画。有好景总有好诗，但也要有好的词句去配搭，才不辜负好景，才能作成好诗。后人以为夜半无钟声相诟病，未免吹毛求疵。

"对愁眠"即伴愁眠之意，此句把江枫和渔火二词拟人化。就是后世有不解诗的人，怀疑江枫渔火怎么能对愁眠，于是附会出一种说法，说愁眠是寒山寺对面的山名。

诵读方法

月落｜乌啼｜霜满天，江枫｜渔火｜对愁眠。
●●　○○　○●○△　○○　○●　●○○△
姑苏｜城外｜寒山寺，夜半｜钟声｜到客船。
○○　○●　○○●　●●　○○　●●○△

推敲思考

1."夜半钟声到客船"，当半夜时分寒山寺的钟声响起的时候，诗人张继还未眠。那么，古诗中哪些字词向我们透露出张继没有睡觉的消息?

2."月落乌啼霜满天，江枫渔火对愁眠"。这里的"对"字是什么意思?纵观全诗，孤独的诗人是在对着什么呢?

（郑志荣　编）

题破山寺[1]后禅院

唐　常建

清晨入古寺，初日[2]照高林[3]。
曲径通幽处，禅房花木深。
山光悦[4]鸟性，潭影[5]空[6]人心。
万籁[7]此俱寂，惟闻钟磬[8]音。

注解

① 破山寺：即兴福寺，在今江苏常熟市西北虞山上。南朝齐邑人郴州刺史倪德光舍宅所建。

② 初日：早上的太阳。

③ 高林：高树之林。

④ 悦：此处为使动用法，使……高兴。

⑤ 潭影：清澈潭水中的倒影。

⑥ 空：此处为使动用法，使……空。

⑦ 万籁（lài）：各种声音。

⑧ 钟磬（qìng）：佛寺中召集众僧的打击乐器。磬，佛教打击乐器，以铜制成，形状似钵。

意译

大清早我走进这古老寺院，旭日初升映照着山上树林。

竹林掩映小路通向幽深处，禅房前后花木繁茂又缤纷。

山光明媚使飞鸟更加欢悦，潭水清澈也令人爽神净心。

此时此刻万物都沉默静寂，只留下了敲钟击磬的声音。

简介

常建，唐代诗人，字号不详，或说是邢台人，或说是长安（今陕西西安）人。开元十五年（727）与王昌龄同榜进士，仕宦不得意，来往于山水名胜，长期过着漫游生活。

破山寺，即兴福寺，在今江苏常熟市西北虞山上。唐代咏寺诗为数不少，且有很多佳作。常建的《题破山寺后禅院》，构思独具特色。它紧紧围绕破山寺后禅房来写，描绘出了这特定境界中所独有的静趣。在优游中写会悟，具有盛唐山水诗的共通情调，但风格闲雅清警，艺术上与王维的高妙、孟浩然的平淡都不类同，确属独具一格。

作意

这首诗题咏的是佛寺禅院，抒发的是作者忘却世俗、寄情山水的隐逸胸怀。

作法

诗人抓住山寺中独特的景物，运用了以静显动，以动显静的表现手法，塑造了一个幽深静寂、安详和平、自然高远的境界。

诵读方法

清晨｜入｜古寺，初日｜照｜高林。
○○　●　●●　○●　●　○○△
曲径｜通｜幽处，禅房｜花木｜深。
●●　○　○●　○○　○●　○△
山光｜悦｜鸟性，潭影｜空｜人心。
○○　●　●●　○●　○　○○△
万籁｜此俱寂，惟闻｜钟磬音。
●●　●○●　○○　○●○△

推敲思考

1. 古人评诗有“诗眼”的说法，所谓“诗眼”往往是指一句诗中最精练传神的一个字。你认为这首诗第三联两句中的“诗眼”分别是那一个字？

2. 和父母一起诵读此诗，比一比谁更具情感。

（杨文　编）

过①故人庄

唐　孟浩然

故人具②鸡黍，邀我至田家。
绿树村边合，青山郭外斜。
开轩③面场圃④，把酒话桑麻⑤。

待到重阳日⑥，还来就菊花。

注解

①过：拜访。

②具：准备、置办。

③开轩：打开窗户。

④圃：菜园。

⑤桑麻：桑树和麻，这里指庄稼。

⑥重阳日：指农历的九月初九。古人在这一天有登高、饮菊花酒的习俗。

意译

老朋友预备丰盛的饭菜，要请我到他好客的农家。

翠绿的树林围绕着村落，苍青的山峦在城外横卧。

推开窗户面对谷场菜园，手举酒杯闲谈庄稼情况。

等到九九重阳节到来时，再到君这里来观赏菊花。

简介

孟浩然，唐朝诗人，世称孟襄阳。早年有志用世，在仕途困顿、痛苦失望后，尚能自重，不媚俗世，以隐士终身，曾隐居鹿门山。他与王维并称“王孟”。其诗清淡，长于写景，多反映山水田园和隐逸、行旅等内容，绝大部分为五言短篇，在艺术上有独特的造诣。

作意

此诗意在写田家闲适恬淡的情景，描写了优美的农村田园风光以及故人的热情待客，抒发了诗人对田园生活的喜爱、对农家生活的向往，也表达了诗人与友人的深厚情谊。

作法

未说“过”，先叙“邀”，既说“至”，却叙“望”，到庄之后，还留后约，一路写去，纯任自然，这是本诗的结构方法。上联是未至庄而已望见庄外的风景。下联是已至庄而叙，入室饮食言笑。末句是既过之后还拟再来，应第二句“邀”字。用一“就”字，又可见到了重阳，不必邀约我亦自会相就，仍自从“邀”字中生发出来。这种寻常字面，用得好，就格外得神；用得不好，就觉伤于浅俗。

诵读方法

故人｜具｜鸡黍，邀我｜至｜田家。
● ○　●　○ ●　○ ●　●　○ ○△
绿树｜村边｜合，青山｜郭外｜斜。
● ●　○ ○　●　○ ○　● ●　○△
开轩｜面｜场圃，把酒｜话｜桑麻。
○ ○　●　○ ●　● ●　●　○ ○△
待到｜重阳日，还来｜就菊花。
● ●　○ ○ ●　○ ○　● ● ○△

推敲思考

1. 诗中有哪些具体景物为我们描绘了一幅农村风光图？

2. 查阅资料，说说重阳节的习俗。

（彭媛顾婧　编）

宿建德江[①]

唐　孟浩然

移舟[②]泊[③]烟渚[④]，日暮客[⑤]愁[⑥]新。
野[⑦]旷[⑧]天低树[⑨]，江清月近人[⑩]。

注解

① 建德江：指新安江流经建德（今属浙江）西部的一段江水。

② 移舟：划动小船。

③ 泊：停船靠岸。

④ 烟渚（zhǔ）：指江中雾气笼罩的小沙洲。烟，一作“幽”。渚，水中小块陆地。《尔雅·释水》：“水中可居者曰洲，小洲曰渚。”

⑤ 客：指作者自己。

⑥ 愁：为思乡而忧愁不堪。

⑦ 野：原野。

⑧ 旷：空阔远大。

⑨ 天低树：天幕低垂，好像和树木相连。

⑩ 月近人：倒映在水中的月亮好像来靠近人。

意译

把小船停靠在烟雾迷蒙的小洲，日暮时分新愁又涌上客子心头。

旷野无边无际，天比树还低沉；江水清清，明月来和人相亲相近。

简介

《宿建德江》是孟浩然的代表作之一。这是一首刻画秋江暮色的诗，是唐人五绝中的写景名篇。作者把小船停靠在烟雾迷蒙的江边，想起了以往的事情，因而以泊舟暮宿作为自己抒发感情的归宿，写出了作者的羁旅之思。

作意

此是夜泊江边，即景生情之作。

作法

诗中有说理的诗，而无碍于写景，如本诗中三四句，野旷所以天低于树，江清所以月能近人，所写景物都在情理之中。倘无“旷”“清”二字，则“低”“近”二字即无着落，是谓“诗眼”。并且这种境界，非在船中不易领略。换在岸上，“低”“近”二字，就不见贴切，可见用字要有分寸。又此诗三四两句相对，亦绝诗中的一格。

诵读方法

移舟｜泊烟渚，日暮｜客愁新。
○○　●○●　●●　●○○△
野旷｜天低树，江清｜月近人。
●●　○○●　○○　●●○△

推敲思考

1. “日暮客愁新”所呈现的是怎样的意境呢？你怎样理解？请试着描述一下。

2. 你还知道哪些日暮思归之作，请举一例。

（周颖　编）

鹿　柴[1]

唐　王维

空山不见人，但闻[2]人语响。
返景[3]入深林，复照[4]青苔上。

注解

① 鹿柴（zhài）：养鹿的地方。柴，同“寨”。

② 但闻：只听见。

③ 返景：夕阳返照的光。景，古时同“影”。

④ 照：照耀。

意译

山中空空荡荡不见人影，只听得喧哗的人语声响。

夕阳的金光射入深林中，青苔上映着昏黄的微光。

简介

这首诗是《辋川集》二十首之一。鹿柴，又作鹿砦，柴是栅栏。鹿柴，是王维辋川别业中的一个处所。

作意

这是写景诗，但并不专写鹿寨的景，不过偶然遇到这种情景，即为诗人捉住，作了这样一首诗。

作法

“文章本天成，妙手偶得之。”这是一句古话。古来好诗，都是就天成好景，用妙手记叙出来，并不有意做作，也并不存心要作这样一首诗。本诗好处，就在自然，毫不做作。上两句静中有动，下两句动中有静，乃是点景诗，总不外动静二字。本诗看似两截，上下不相连贯，但细细推敲，上半写不见，下半写见；不见的是人，见的是影，同是写见，意义自属一串。

诵读方法

空山｜不见｜人，但闻｜人语响。
○○ ●● ○ ●○ ○●●△
返景｜入深林，复照｜青苔上。
●● ●○○ ●● ○○●△

推敲思考

1. 在这样空旷的空间里怎还能听见人声呢？

2. 本诗的前两句如何写出了此山之空？全诗表达了作者怎样的心境？

（张莉　编）

归嵩山[1]作

唐　王维

清川[2]带[3]长薄[4]，车马去[5]闲闲[6]。
流水如有意，暮禽[7]相与[8]还。
荒城[9]临[10]古渡[11]，落日满秋山。
迢递[12]嵩高[13]下，归来且[14]闭关[15]。

归嵩山作

注解

① 嵩山：五岳之一，称中岳，地处河南省登封市西北面。

② 清川：清清的流水，当指伊水及其支流。清，一作“晴”。川，河川。

③ 带：围绕，映带。

④ 薄：草木交错。

⑤ 去：行走。

⑥ 闲闲：从容自得的样子。

⑦ 暮禽：傍晚的鸟儿。禽，一作“云”。

⑧ 相与：相互作伴。

⑨ 荒城：嵩山附近如登封等县，屡有兴废，荒城当为废县。

⑩ 临：当着，靠着。

⑪ 古渡：指古时的渡口遗址。

⑫ 迢递：遥远的样子。递，形容遥远。

⑬ 嵩高：嵩山别称嵩高山。

⑭ 且：将要。

⑮ 闭关：佛家闭门静修。这里有闭户不与人来往之意。闭，一作“掩”。

意译

清澈的川水环绕一片草木，驾车马徐徐而去从容悠闲。

流水好像对我充满了情意，傍晚的鸟儿随我一同回还。

荒凉的城池靠着古老渡口，落日的余晖洒满秋天的山。

在遥远又高峻的嵩山脚下，闭上门谢绝世俗度过晚年。

简介

这首诗是王维仕途失意，辞官归隐嵩山途中所作。次年王维即在张九龄的举荐下结束隐居，出任右拾遗。

作意

此诗旨在写辞官归山之情，写景兼写情。

作法

此诗是描写一路归去之景，层次当然要很整齐，写景当然要切时令。此外可说的，是写景中寓有深意，使人一时体会不出，往往被诗人瞒过。所谓流水有意者，含急流勇退之意。所谓暮禽与还，即倦飞知还之意，暗示此番辞官归山的旨趣。颈联故意写出荒城古渡，落日秋山一片荒凉景象，诗人悲悯之情，亦不难从字句中窥见一二。不然，归隐是何等闲适的事，又何必写得这般萧瑟呢？所以从这种诗篇中，我们可以悟到看诗的方法，真不可胶柱鼓瑟，泥守于一二种方法啊。

诵读方法

清川｜带｜长薄，车马｜去｜闲闲。
○○ ● ○● ○● ● ○○△

流水｜如｜有意，暮禽｜相｜与还。
○● ○ ●● ●○ ● ●○△
荒城｜临｜古渡，落日｜满｜秋山。
○○ ○ ●● ●● ● ○○△
迢递｜嵩｜高下，归来｜且｜闭关。
○● ○ ○● ○○ ● ●○△

推敲思考

1. 请简要分析颔联主要运用的修辞手法。

2. 本诗的四联所透露出来的情感有着细微的不同，请简要分析。

（吴蒨　编）

终南别业

唐　王维

中岁颇好道，晚家南山陲①。
兴来每独往，胜事②空自知。
行到水穷处，坐看云起时。
偶然值③林叟④，谈笑无还期。

注解

① 南山陲：终南山脚下。

② 胜事：美好的事。

③ 值：遇到。

④ 叟（sǒu)：老翁。

意译

中年以后存有较浓的好道之心，直到晚年才安家于终南山边陲。

兴趣浓时常常独来独往去游玩，有快乐的事自我欣赏自我陶醉。

间或走到水的尽头去寻求源流，间或坐看上升的云雾千变万化。

偶然在林间遇见个把乡村父老，与他谈笑聊天每每忘了还家。

简介

此诗大约写于唐肃宗乾元元年（758）之后，是王维晚年的作品，这时的他早已看到仕途的艰险，过着亦官亦隐的生活。

作意

此诗把作者退隐后自得其乐的闲适情趣，写得有声有色，惟妙惟肖，突出地表现了退隐者豁达的性格。

作法

这首诗没有描绘具体的山川景物，而重在表现诗人隐居山间时悠闲自得的心境。诗的前六句自然闲静，诗人的形象如同一位不食人间烟火的世外高人。他不问世事，视山间为乐土，不刻意探幽寻胜，而能随时随处领略到大自然的美好。结尾两句，引入人的活动，带来生活气息，诗人的形象也更为可亲。

诵读方法

中岁｜颇好道，晚家｜南山陲。
○● ●●● ●○ ○○○△
兴来｜每独往，胜事｜空自知。
●○ ●●● ●● ○●○△
行到｜水穷处，坐看｜云起时。
○● ●○● ●○ ○●○△
偶然｜值林叟，谈笑｜无还期。
●○ ●○● ○● ○○○△

推敲思考

“行到水穷处，坐看云起时”表现了作者怎样的心境？试着描述一下。

（杨婧　编）

桃花溪[1]

唐　张旭

隐隐飞桥[2]隔野烟，石矶[3]西畔问渔船。

桃花尽日[4]随流水，洞[5]在清溪何处边？

注解

① 桃花溪：水名，在湖南省桃源县桃源山下。

② 飞桥：高桥。

③ 石矶：河流中露出的石堆。

④ 尽日：整天，整日。

⑤ 洞：指《桃花源记》中武陵渔人找到的洞口。

意译

隐隐看见一座长桥将云雾隔开，在大石块的西畔，借问打鱼的小船。

桃花终日随着水流漂流而去，那桃花源的洞口在清溪的哪边呢？

简介

张旭，字伯高，苏州人，曾任常熟尉、金吾长史，世称张长史。盛唐著名书法家，草书最为著称。相传他最嗜酒，往往大醉后呼喊狂走，然后落笔。他的诗今存六首，都是写自然景色的绝句，构思新颖，意境幽深，独具一格。

作意

《桃花溪》是借陶渊明《桃花源记》的意境而写的写景诗。

这首诗通过描写桃花溪幽美的景色和作者对渔人的询问，抒发了一种向往世外桃源、追求美好生活的愿望。

此诗构思婉曲，有景有情，趣味深远，画意甚浓。

作法

起笔写远景：山谷深幽，迷离恍惚，隔烟朦胧，其境若仙。“隐隐”和“野烟”相照应，正因为有烟，所以才让桥显得隐约可见；“飞”字传神地描绘出了在忽隐忽现、似有似无的云烟之中，小桥就像在空中飞腾一般，让静景有了动态；

而后写近景。桃花流水，渔舟轻泛，问询渔人，寻找桃源。一个“问”字，逼真地表现出诗人心驰神往的情态。末句的天真询问，体现出了诗人内心似乎真的认为这“随流水”的桃花瓣是由桃花源流出来的，真切地表达出诗人向往世外桃源、追求美好生活的愿望。

诵读方法

隐隐飞桥 | 隔野烟，石矶西畔 | 问渔船。
●●○○ ●●○ ●○○● ●○○△

桃花 | 尽日 | 随流水，洞在 | 清溪 | 何处边？
○○ ●● ○○● ●● ○○ ○●○△

推敲思考

1. 你觉得世间到底有没有桃花源这个地方呢？

2. 课外阅读陶渊明《桃花源记》一文。

（盛敏丽　编）

溪　居

唐　柳宗元

久为簪组①束②，幸此南夷③谪④。
闲依农圃邻，偶似山林客。
晓耕翻露草，夜榜⑤响溪石。
来往不逢人，长歌楚天碧。

注解

① 簪组：古代官吏的服饰，此指官职。

② 束：约束，束缚。

③ 南夷：古代对南方少数民族的称呼。这里指永州。

④ 谪：被降职或调往边远地区。当时作者被贬为永州司马。

⑤ 榜：划船。

意译

很久以来为公务所累，幸好被贬谪到南方少数民族地区。

闲静无事，与农人的菜圃为邻，有的时候就像个山林中的隐士。

早晨耕田，翻锄带着露水的野草，晚上撑船游玩回来，船触到溪石发出声响。

独来独往，碰不到其他的人，眼望楚天一片碧绿，放声高歌。

简介

唐元和五年（810），柳宗元在零陵西南游览时，发现了曾为冉氏所居的冉溪，因爱其风景秀丽，便迁居此地，并改其名为愚溪。

作意

这首诗是柳宗元贬官永州，自幸得居住在这闲适的佳境，独来独往，无拘无束的情形。表面上似乎写溪居生活的闲适，然而字里行间隐含着孤独的忧愤，如开首二句，诗意突兀，耐人寻味。

作法

此首分为二段。前四句为一段，首二句是讲述所以到这里的原因，三四句是说自己的行径。后四句为第二段，是叙述早夜的行动。其中以“耕草”应“农圃”，“傍石”应“山林”，

“楚天”应“南夷”。全诗都是从一“幸”字出发，结句尤其警辟。

诵读方法

久为｜簪组｜束，幸此｜南夷｜谪。
●○ ○● ● ●● ○○ ●△
闲依｜农圃｜邻，偶似｜山林｜客。
○○ ○● ○ ●● ○○ ●△
晓耕｜翻｜露草，夜榜｜响｜溪石。
●○ ○ ●● ●● ● ○●△
来往｜不｜逢人，长歌｜楚天碧。
○● ● ○○ ○○ ●○●△

推敲思考

1. 诗中写到了山林溪居的哪些佳境？

2. 和父母一起诵读柳宗元的其他诗作。

（俞淑君　编）

渔　翁

唐　柳宗元

渔翁夜傍①西岩②宿，晓汲③清湘④燃楚⑤竹。
烟消日出不见人，欸乃⑥一声山水绿。
回看天际下中流⑦，岩上无心⑧云相逐。

注解

① 傍：靠近。

② 西岩：当指永州境内的西山，可参见作者《始得西山宴游记》。

③ 汲（jí）：取水。

④ 湘：湘江之水。

⑤ 楚：西山古属楚地。

⑥ 欸（ǎi）乃：是摇船时橹或桨发出的声音。或说是舟子摇船时应橹的歌声。

⑦ 下中流：指岩上的瀑布。

⑧ 无心：一般表示庄子所说的那种物我两忘的心灵境界。陶渊明《归去来兮辞》："云无心而出岫。"

意译

夜晚时分，渔翁把船靠西山停宿。清晨起来，取水燃竹烧火做饭。

旭日初升，晓雾渐散，四周悄然既无人声。渔翁摇橹，欸乃一声，青山绿水映入眼帘。

回望天边，江水滚滚东流。山上白云，悠然自在舒卷。

简介

柳宗元（773—819），字子厚，唐代文学家、哲学家。河东解（今山西省运城市解县）人，世称柳河东。贞元（唐德宗年号，785—805）进士，授校书郎，调蓝田尉，升监察御史里行。因参与永贞新政，被贬为永州司马。后迁柳州刺史，故又称柳柳州。与韩愈共同倡导古文运动，同为“唐宋八大家”，有《河东先生集》。

作意

这首诗题为渔翁，渔翁是贯穿全诗首尾的核心形象。但是，诗人并非孤立地为渔翁画像，作品的意趣也不唯落在渔翁的形象之上。完整地看，构成诗篇全境的，除了辛劳不息的渔翁以外，还有渔翁置身于其中的山水天地，这两者在诗中留下了按各自规律特点而发展变幻的形迹。从夜晚到早晨，是人类活动最丰富的时刻，是万物复苏、生机勃勃的时刻，本诗即以此为景色发展的线索。因此，渔翁不断变换的举止行动和自然景色的无穷变幻便有了共同的时间依据，取得极为和谐的统一。

作法

全诗共六句，按时间顺序，分三个层次。前两句是从夜到拂晓的景象。渔翁是这两句中最引人注目的形象，他夜宿山边，晨起汲水燃竹，以忙碌的身影形象地显示着时间的流转。

三四句是全诗的精华所在，诗人从自我感受出发，交错展现两种景象，更清晰地表现了发生于自然界的微妙变异，给人以强大的感染力。

后两句日出以后，画面更为开阔。此时渔船已进入中流，而回首骋目，只见山巅上正浮动着片片白云，好似无心无虑地前后相逐，诗境极是悠闲恬淡。

诵读方法

渔翁｜夜傍｜西岩宿，晓汲｜清湘｜燃楚竹。
○○　●●　○○●△　●●　○○　○●●△

烟消｜日出｜不见人，欸乃｜一声｜山水绿。
○○　●●　●●○　●●　●○　○●●△

回看｜天际｜下中流，岩上｜无心｜云相逐。
○○　○●　●○○　○●　○○　○○●△

推敲思考

1. 本诗的诗眼是哪一个字？

2. 细细品读诗歌，感受最后两句诗中的意境。

（关文静　编）

寻隐者不遇[①]

唐　贾岛

松下问童子[②]，言[③]师采药去。

只在此山中，云深[④]不知处[⑤]。

注解

① 寻：寻访。隐者：隐士，隐居在山林中的人。古代指不肯做官而隐居在山野之间的人，一般指的是贤士。不遇：没有遇到，没有见到。

② 童子：没有成年的人，小孩。在这里是指“隐者”的弟子、学生。

③ 言：回答，说。

④ 云深：指山上的云雾。

⑤ 处：行踪，所在。

意译

苍松下，我询问了年少的学童，他说，师父已经去山中采药了。

他还对我说，就在这座大山里，可是林深云密，不知师父的行踪。

简介

贾岛（779—843），字浪（阆）仙，唐代诗人，河北道幽州范阳县（今河北省涿州市）人。早年出家为僧，号无本，自号碣石山人。贾岛是以“推敲”两字出名的苦吟诗人。一般认为他只是在用字方面下功夫，其实他的“推敲”不仅着眼于锤字炼句，在谋篇构思方面也是同样煞费苦心的。此诗就是一个例证。明明三番问答，至少须六句方能表达的，贾岛采用了以答句包含问句的手法，精简为二十字。这种“推敲”就不在一字一句间了。

作意

寻而不遇，并无怅惘之情，只觉一片天机，纯乎自然。

作法

这是一首问答诗，但诗人采用了寓问于答的手法，把寻访不遇的心情，描摹得淋漓尽致。其言繁，其笔简，情深意切，白描无华。以白云比隐者的高洁，以苍松喻隐者的风骨。写寻访不遇，愈衬出钦慕高仰。

诵读方法

松下｜问童子，言师｜采药去。
○●　●○●　○○　●●●△
只在｜此山中，云深｜不知处。
●●　●○○　○○　●○●△

推敲思考

1.“只在此山中，云深不知处。”这句话是谁说的？由此推测诗人问了些什么？从童子的回答中，我们可以想象到什么？

2. 读完全诗，你们觉得作者所抒发的感情有什么特点？请谈谈理由。

（张莉　编）

题金陵渡[1]

唐　张祜（hù）

金陵津渡[2]小山楼[3]，一宿行人[4]自可愁。

潮落夜江斜月[5]里，两三星火是瓜洲[6]。

注解

① 金陵渡：在今江苏镇江市附近，当是特称。

② 津渡：本也指渡口，这里是复词。

③ 小山楼：作者住宿的地方。

④ 行人：旅客，指作者自己。

⑤ 斜月：下半夜偏西的月亮。

⑥ 瓜洲：镇名，在扬州，临长江，与镇江相对。

意译

镇江附近的金陵渡口，静静地坐落着一幢小楼，夜宿的远行人，一夜不能入眠，心中自有无穷无尽的乡愁。

明月西斜的时候，江潮刚刚退尽，隔岸几点星火闪烁，照亮的可能是对岸的瓜洲。

简介

张祜（约 785—849），字承吉，邢台清河人，唐代著名诗人。出身望族，家世显赫，被人称作张公子，有“海内名士”之誉。张祜在诗歌创作上取得了卓越成就，以“故国三千里，深宫二十年”成名。

作意

这是诗人漫游江南时写的一首小诗。他夜宿镇江渡口时，面对长江夜景，以此诗抒写了在旅途中的愁思，表现了自己心中的寂寞凄凉。全诗语言朴素自然，把美妙如画的江上夜景描写得宁静凄迷、淡雅清新。

作法

此诗前两句交代诗人夜宿的地点，点出诗人的心情。后两句实写长江金陵渡口美好的夜景，借此衬托出诗人孤独落寞的羁旅情怀。一、三句写景，由近及远，先写金陵渡口和江边的楼阁，再将镜头逐渐拉远，依次写出江水落潮，月影波动，再遥望寥廓的天空，三两个星火在瓜洲城上空闪烁。全诗紧扣江（落潮、夜江）、月（落月、斜月）、火（渔火、星火）等景，以一“愁”字贯穿全篇，诗旨甚明，神韵悠远，在艺术结构方面更是独具匠心。

诵读方法

金陵｜津渡｜小山楼，一宿｜行人｜自可愁。
○○ ○● ●○○△ ●● ○○ ●●○△

潮落｜夜江｜斜月里，两三｜星火｜是瓜洲。
○●　●○　○●●　●○　○●　●○○△

推敲思考

1. 诗中“两三星火是瓜洲”一句中，“星火”能否换成“灯火”或“渔火”？为什么？

2. “潮落夜江斜月里”一句中“斜”字用得妙，和家长讨论，说一说它妙在哪里。

（王言　编）

抒怀言志

回乡偶书[①]

唐　贺知章

少小离家[②]老大[③]回，乡音无改鬓毛摧[④]。
儿童相见[⑤]不相识[⑥]，笑问[⑦]客从何处来。

注解

① 偶书：随便写的诗。偶，说明诗写作得很偶然，是随时有所见、有所感就写下来的。

② 少小离家：贺知章三十七岁中进士，在此以前就离开了家乡。

③ 老大：年纪大了。贺知章回乡时已年逾八十。

④ 鬓毛摧（cuī）：老年人须发稀疏变少。鬓毛，额角边靠近耳朵的头发。一作“面毛”。摧，此处应是减少的意思。全句意谓口音未变鬓发却已疏落、减少。

⑤ 相见：即看见我。相，带有指代性的副词。

⑥ 不相识：即不认识我。

⑦ 笑问：笑着询问。一本作“却问”，一本作“借问”。

意译

年少时就离开了故乡，直到垂暮之年才回到日夜思念的家园，虽然乡音还没有改变，但鬓发已被秋霜染白。

那些孩子从未见过我，好奇地笑着问我这个客人从什么地方来。

简介

贺知章（659—744），字季真，号四明狂客，越州永兴（今浙江萧山）人。贺知章的诗以绝句见长，其写景、抒怀之作风格独特，清新潇洒，《咏柳》《回乡偶书》两首脍炙人口，千古传诵，《全唐诗》存其诗共十九首。

《回乡偶书》是贺知章于天宝三载（744）致仕还乡时所作，共二首，这是第一首。

作意

这是从反面写久客伤老之情。

作法

一、二句中，诗人置身于故乡熟悉而又陌生的环境之中，一路迤逦行来，心情颇不平静：当年离家，风华正茂；今日返归，鬓毛疏落，不禁感慨系之。首句用“少小离家”与“老大回”的句中自对，概括写出数十年久客他乡的事实，暗寓自伤“老大”之情。次句以“鬓毛摧”顶承上句，具体写出自己的“老大”之态，并以不变的“乡音”映衬变化了的“鬓毛”，言下大有“我不忘故乡，故乡可还认得我吗”之意，从而为唤起下两句儿童不相识而发问做好铺垫。

三四句从充满感慨的一幅自画像，转而为富于戏剧性的儿童笑问的场面。“笑问客从何处来”，在儿童，这只是淡淡的一问，言尽而意止；在诗人，却成了重重的一击，引出了他的无穷感慨，自己的老迈衰颓与反主为宾的悲哀，都包含在这看似平淡的一问中了。全诗就在这有问无答处悄然作结，而弦外之音却如空谷传响，哀婉备至，久久不绝。

诵读方法

少小｜离家｜老大回，乡音｜无改｜鬓毛摧。
●● ○○ ●●○△ ○○ ○● ●○○△
儿童｜相见｜不相识，笑问｜客从｜何处来。
○○ ○● ●○● ●● ●○ ○●○△

推敲思考

1.《回乡偶书》一诗表达了诗人怎样的感慨？

2. 古今读音变化大，《回乡偶书》这首诗的押韵你读对了吗？

（钱彩萍　编）

月下独酌[①]

唐　李白

花间[②]一壶酒，独酌无相亲[③]。

举杯邀明月，对影成三人[④]。

月既[⑤]不解[⑥]饮，影徒[⑦]随我身。

暂伴月将[⑧]影，行乐须及春[⑨]。

我歌月徘徊[⑩]，我舞影零乱[⑪]。

醒时同交欢[⑫]，醉后各分散。

永结无情游[⑬]，相期邈云汉[⑭]。

注解

① 独酌：一个人饮酒。酌，饮酒。

② 间：一作“下”，一作“前”。

③ 无相亲：没有亲近的人。

④ “举杯”二句：我举起酒杯招引明月共饮，明月和我以及我的影子恰恰合成三人。一说月下人影、酒中人影和我为三人。

⑤ 既：已经。

⑥ 不解：不懂，不理解。三国魏嵇康《琴赋》：“推其所由，似元不解音声。”

⑦ 徒：徒然，白白地。

⑧ 将：和，共。

⑨ 及春：趁着春光明媚之时。

⑩ 月徘徊：明月随我来回移动。

⑪ 影零乱：因起舞而身影纷乱。

⑫ 同交欢：一起欢乐。一作“相交欢”。

⑬ 无情游：月、影没有知觉，不懂感情，李白与之结交，故称“无情游”。

⑭ 相期邈（miǎo）云汉：约定在天上相见。期，约会。邈，遥远。云汉，银河，这里指遥天仙境。“邈云汉”一作“碧岩畔”。

意译

在花丛中摆上一壶美酒，我自斟自饮，身边没有一个亲友。

举杯向天，邀请明月，与我的影子相对，便成了三人。

明月既不能理解开怀畅饮之乐，影子也只能默默地跟随在我的左右。

我只得暂时伴着明月、清影，趁此美景良辰，及时欢娱。

我吟诵诗篇，月亮伴随我徘徊；我手舞足蹈，影子便随我蹁跹。

清醒时我与你一同分享欢乐，沉醉便再也找不到你们的踪影。

让我们结成永恒的友谊，来日相聚在浩邈的云天。

简介

李白（701—762），字太白，号青莲居士，唐朝浪漫主义诗人，被后人誉为“诗仙”。祖籍陇西成纪（待考），出生于西域碎叶城，四岁随父迁至剑南道绵州。李白存世诗文千余篇，有《李太白集》传世。其墓在今安徽当涂，四川江油、湖北安陆有纪念馆。

作意

太白天才旷达，物我之间，无所容心。这首诗就充分表达了他的胸襟，而以“行乐及春”“永结无情”为全诗主意所在，使无情的明月和影子，和我为有情的交欢。

作法

月下独酌，是极静的境界，作者却能招呼明月和影子来作良伴，又从“花”字想出“春”字，从“酌”字想出“歌舞”，烘托得十分热闹，这可以悟到诗文中无中生有的方法。篇中又将“我”“月”“影”三字交互回环地描写着，又是连珠体的作法。首四句为一段，依次出月出影，连带点醒题目。“月既不解饮”下四句为第二段，从月和影上发出议论，仍以“饮”字照应“酌”字，跌出“行乐及春”的主意。末六句为第三段，是承上转入，从“行乐”想到“歌舞”，从“独酌”想到醒和醉的情形。末了又以“云汉”归结到“月下”。这种交互错综的描写，若没有仙才，真不容易做到这样美妙啊！

诵读方法

花间|一壶酒，独酌|无相亲。
○○ ●○● ●● ○○○△
举杯|邀明月，对影|成三人。
●○ ○○● ●● ○○○△
月|既|不解饮，影|徒|随我身。
● ● ●●● ● ○ ○●○△
暂伴|月将影，行乐|须及春。
●● ●○● ○● ○●○△
我歌|月徘徊，我舞|影零乱。
●○ ●○○ ●● ●○●△
醒时|相交欢，醉后|各分散。
●○ ○○○ ●● ●○●△
永结|无情游，相期|邈云汉
●● ○○○ ○○ ●○●△

推敲思考

1. 李白不乏写月的佳句，试从所学的课文中找出这样的句子。

2. 说说“举杯邀明月”的言外之意。

（张秋英　编）

早发白帝城①

唐　李白

朝②辞③白帝彩云间④，千里江陵⑤一日还⑥。

两岸猿⑦声啼⑧不住⑨，轻舟已过万重山⑩。

注解

① 发：启程。白帝城：古城名，在今重庆市奉节县白帝山上。

② 朝：早晨。

③ 辞：告别。

④ 彩云间：因白帝城在白帝山上，地势高耸，从山下江中仰望，仿佛耸入云间。

⑤ 江陵：地名，在今湖北荆州市，距白帝城约六百公里。

⑥ 一日还：一天就可以到达。

⑦ 猿：猿猴。

⑧ 啼：鸣、叫。

⑨ 住：停息。

⑩ 万重山：层层叠叠的山，形容有许多。

意译

清晨，我告别了彩云缭绕的白帝城，千里之外的江陵一天就可以到达。

早发白帝城

长江两岸的猿声，还在耳边不停地啼叫，不知不觉，轻舟已穿过万重青山。

简介

李白，字太白，号青莲居士，唐朝诗人，被后人誉为“诗仙”，是屈原以后我国最为杰出的浪漫主义诗人，与杜甫并称为“李杜”。李白存世诗文千余篇，有《李太白集》。李白的诗以抒情为主，其诗风格豪放，飘逸洒脱，想象丰富，语言流转自然，音律和谐多变，代表我国浪漫主义诗歌的新高峰。

作意

诗是写景的。唐肃宗乾元二年（759），李白流放夜郎，行至白帝城的时候，忽然收到赦免的消息，惊喜交加，随即乘舟东下江陵。此诗即回舟抵江陵时所作。诗意在描摹自白帝至江陵的一段长江，水急流速，舟行若飞的情况，表达了诗人被释放后的喜悦心情和对大自然的喜爱之情。

作法

首句写白帝城之高，“彩云间”三字，夸张地描写出白帝城地势之高。二句写江陵路遥，舟行迅速，“千里”和“一日”，用空间之远与时间之短做对比，夸张地写出了船行驶的速度之快，从侧面烘托出诗人抑制不住的喜悦心情。三句以山影猿声烘托行舟飞进，进一步描写舟轻水急，充分抒发自己的无比欢乐。四句写行舟轻如无物，点明水势如泻。全诗洋溢的是诗人经过艰难岁月之后突然迸发的一种激情，有豪情，有欢悦，快船快意，感染力极强。

诵读方法

朝辞｜白帝｜彩云间，千里｜江陵｜一日还。
○○ ●● ●○○△ ○● ○○ ●●○△
两岸｜猿声｜啼不住，轻舟｜已过｜万重山。
●● ○○ ○●● ○○ ●● ●○○△

推敲思考

1. 李白为什么要急着离开白帝城？

2. 诗中运用夸张修辞的语句是哪几句？

（盛敏丽　编）

将进酒

唐　李白

君不见黄河之水天上来[①]，奔流到海不复回。
君不见高堂明镜悲白发，朝如青丝暮成雪。
人生得意须尽欢，莫使金樽空对月。

天生我材必有用，千金散尽还复来。

烹羊宰牛且为乐，会须一饮三百杯。

岑夫子[②]，丹丘生[③]，将进酒，杯莫停。

与君歌一曲，请君为我倾耳听。

钟鼓[④]馔玉[⑤]不足贵，但愿长醉不复醒。

古来圣贤皆寂寞，惟有饮者留其名。

陈王[⑥]昔时宴平乐[⑦]，斗酒十千恣欢谑。

主人何为言少钱，径须沽取对君酌。

五花马，千金裘，

呼儿将[⑧]出换美酒，与尔同销万古愁。

注解

① 天上来：黄河发源于青海，因那里地势极高，故称。

② 岑夫子：岑勋。

③ 丹丘生：元丹丘，与岑夫子均为李白的好友。

④ 钟鼓：富贵人家宴会中奏乐使用的乐器。

⑤ 馔（zhuàn）玉：形容食物如玉一样精美。

⑥ 陈王：指陈思王曹植。

⑦ 平乐：观名。在洛阳西门外，为汉代富豪显贵的娱乐场所。

⑧ 将：执持的意思。

意译

你难道看不见那黄河之水从天上奔腾而来，波涛翻滚直奔东海，从不再往回流。

你难道看不见高堂明镜中自己的白发，早晨还是满头的黑发，傍晚就变成了雪白一片。

（所以）人生得意之时就应当纵情欢乐，不要让这金杯无酒空对明月。

每个人的出生都一定有自己的价值和意义，黄金千两（就算）一挥而尽，它也还是能够再得来。

我们烹羊宰牛姑且作乐，（今天）一次性痛快地饮三百杯也不为多！

岑夫子，丹丘生啊！喝酒吧！不要停下来。让我来为你们高歌一曲，请你们为我倾耳细听。

整天吃山珍海味的豪华生活有何珍贵，只希望醉生梦死而不愿清醒。

自古以来圣贤无不是冷落寂寞的，只有那会喝酒的人才能够留传美名。

陈王曹植当年设宴平乐观的事迹你可知道，豪饮每斗价值十千钱的珍贵美酒，让宾主尽情欢乐。

主人呀，你为何说钱不多？只管买酒来让我们一起痛饮。

那些名贵的五花良马，昂贵的千金狐裘，把你的小儿喊出来，都让他拿去换美酒来吧，让我们一起来消除这无穷无尽的万古长愁！

简介

李白，字太白，号青莲居士。是屈原之后最具个性特色、最伟大的浪漫主义诗人。有“诗仙”之美誉，与杜甫并称“李杜”。

其诗以抒情为主。诗风雄奇豪放，想象丰富，语言流转自然，音律和谐多变，善于从民间文艺和神话传说中吸取营养和素材，构成其特有的瑰玮绚烂的色彩，达到盛唐诗歌艺术的巅峰。

作意

太白旷达不羁，视富贵如浮云，此诗差不多是他自己的写照。诗意虽在人寿几何，及时行乐，圣贤寂寞，饮者留名，但就“天生我材必有用”句看去，在绝对的消极之中，却又含有积极的深意。

作法

全诗围绕一个“酒”字，而情感又都是基于一个“愁”字：一愁，高堂明镜悲白发，朝如青丝暮成雪，人生易老，青春不再；二愁，天生我材必有用，千金散尽还复来，壮志未酬，怀才不遇；三愁，古来圣贤皆寂寞，惟有饮者留其名，圣贤寂寞，陈王失意。

诵读方法

君不见｜黄河之水｜天上来，奔流｜到海｜不复回。

君不见｜高堂明镜｜悲白发，朝如｜青丝｜暮成雪。

人生｜得意｜须尽欢，莫使｜金樽｜空对月。

天生｜我材｜必有用，千金｜散尽｜还复来。

烹羊｜宰牛｜且为乐，会须｜一饮｜三百杯。

岑夫子，丹丘生，将进酒，杯莫停。

与君｜歌一曲，请君｜为我｜倾耳听。

钟鼓｜馔玉｜不足贵，但愿｜长醉｜不复醒。

古来｜圣贤｜皆寂寞，惟有｜饮者｜留其名。

陈王｜昔时｜宴平乐，斗酒｜十千｜恣欢谑。

主人｜何为｜言少钱，径须｜沽取｜对君酌。

五花马，千金裘，呼儿｜将出｜换美酒，与尔｜同销｜万古愁。

推敲思考

1. 诗人狂放的感情体现在哪些地方？

2. 这首诗统摄全篇的主旨句是哪一句？

（巫红　沈亚妹　编）

行路难

唐　李白

金樽清酒斗十千，玉盘珍羞①直②万钱。
停杯投箸③不能食，拔剑四顾心茫然。
欲渡黄河冰塞川，将登太行雪满山。
闲来垂钓碧溪上，忽复乘舟梦日边。
行路难！行路难！多歧路，今安在？
长风破浪会有时④，直挂云帆济沧海。

注解

① 珍羞：好的菜肴。羞，同馐。

② 直：同值。

③ 箸：筷子。晋何曾性豪奢，日食万钱，犹曰无下箸处。

④《宋书·宗悫传》："宗悫少时，叔父炳问其志，悫曰：'愿乘长风破万里浪。'"

意译

金杯里装的名酒，每斗要价十千钱；玉盘中盛的精美菜肴，价值万钱。

胸中郁闷啊，我停杯投箸吃不下；拔剑环顾四周，我心里委实茫然。

想渡黄河，冰雪堵塞了这条大川；要登太行，莽莽的风雪早已封山。

像吕尚垂钓溪，闲待东山再起；又像伊尹做梦，乘船经过日边。

世上行路呵，多么艰难，多么艰难；眼前歧路这么多，我该向北还是向南？

相信总有一天，能乘长风破万里浪；高高挂起云帆，在沧海中勇往直前！

简介

天宝元年（742），李白奉诏入京，却没被重用，还受到谗毁排挤，两年后被“赐金放还”。李白被逼出京，朋友们都来为他饯行，求仕无望的他深感仕途的艰难，满怀愤慨写下了此篇《行路难》。

作意

《行路难》是乐府古题，多咏叹世路艰难及贫困孤苦的处境。李白《行路难》共三首，主要抒发了怀才不遇的情怀，这里选的是第一首，在悲愤中不乏豪迈气概，在失意中仍怀有希望。

作法

这首诗百步九折地揭示了诗人感情的激荡起伏、复杂变化。诗的一开头，“金樽清酒”“玉盘珍羞”，让人感觉似乎是一个欢乐的宴会，但紧接着“停杯投箸”“拔剑四顾”两个细节，就显示了感情上的强烈冲击。中间四句，刚刚慨叹“冰塞川”“雪满山”，又恍然神游千载之上，仿佛看到了吕尚、伊尹由微贱而忽然得到君主重用。诗人心理上的失望与希望、抑郁与追求，急遽变化交替。“行路难！行路难！多歧路，今安在？”四句节奏短促、跳跃，完全是急切不安状态下的内心独白，逼肖地传达出进退失据而又要继续探索追求的复杂心理。结尾二句，经过前面的反复回旋以后，境界顿开，唱出了高昂乐观的调子，相信自己的理想抱负总有实现的一天。

诵读方法

金樽｜清酒｜斗十千，玉盘｜珍羞｜直万钱。
○ ○　○ ●　● ●○△　● ○　○ ○　● ●○△
停杯｜投箸｜不能食，拔剑｜四顾｜心茫然。
○ ○　○ ●　● ○ ●　● ●　● ●　○ ○○△
欲渡黄河｜冰塞川，将登太行｜雪满山。
● ● ○ ○　○ ●○△　○ ○ ● ○　● ●○△
闲来垂钓｜碧溪上，忽复乘舟｜梦日边。
○ ○ ○ ●　● ○ ●　● ● ○ ○　● ●○△
行路难！行路难！多歧路，今安在？
○ ● ○　○ ● ○　○ ○ ●　○ ○ ◉△
长风破浪｜会有时，直挂云帆｜济沧海。
○ ○ ● ●　● ● ○　● ● ○ ○　● ○ ●△

推敲思考

人们评价诗中的“长风破浪会有时，直挂云帆济沧海”是“千古雄句，激荡人心”，你知道为什么吗？

（杨婧　编）

宣州谢朓楼饯别校书叔云①

唐　李白

弃我去者，昨日之日不可留；
乱我心者，今日之日多烦忧。
长风万里送秋雁，对此可以酣高楼②。
蓬莱文章建安骨，中间小谢③又清发。
俱怀逸兴壮思飞，欲上青天揽明月。
抽刀断水水更流，举杯消愁愁更愁。
人生在世不称意，明朝散发④弄扁舟。

注解

① 谢朓楼：又名北楼、谢公楼，在陵阳山上，谢朓任宣城太守时所建。校书：官名，即校书郎，掌管朝廷的图书整理

工作。叔云：李白的叔叔李云。

② 酣（hān）高楼：畅饮于高楼。

③ 小谢：南朝宋谢灵运和族弟谢惠连，并称大小谢。后来谢朓也被称为小谢。这里是李白以谢朓比拟自己。

④ 散发：不束冠，意谓不做官。这里是形容狂放不羁。

意译

弃我而去的昨天已不可挽留，扰乱我心绪的今天使我极为烦忧。

万里长风吹送南归的鸿雁，面对此景，正可以登上高楼开怀畅饮。

你的文章就像汉代文学作品一般刚健清新，而我的诗风，也像谢朓那样清新秀丽。

我们都满怀豪情逸兴，飞跃的神思像要腾空而上到高高的青天，去摘取那皎洁的明月。

好像抽出宝刀去砍流水一样，水不但没有被斩断，反而流得更湍急了。我举起酒杯痛饮，本想借酒消去烦忧，结果反倒愁上加愁。

啊，人生在世竟然如此不称心如意，还不如明天就披散了头发，乘一只小舟在江湖之上自在地漂流（退隐江湖）罢了。

简介

这首诗约作于安史之乱前不久的天宝十二载（753）。李白于天宝元年（742）怀着远大的政治理想来到长安，任职于翰林院。天宝三载（744），因被谗言诋毁而离开朝廷，内心十分愤慨地重新开始了漫游生活。大约是在天宝十二载的秋天，李白来到宣州客居，不久，他的一位叔父李云至此，很快又要离开，李白陪他登谢朓楼，设宴送行。

作意

全诗言辞慷慨豪放，抒发了诗人怀才不遇的激烈愤懑，表达了对黑暗社会的强烈不满和对光明世界的执着追求。

作法

“蓬莱”两句承高楼饯别分写主客双方。以“建安骨”赞美李云的文章风格刚健。“中间”是指南朝；“小谢”是指谢朓，因为他在谢灵运（大谢）之后，所以称小谢。这里李白是自比小谢，流露出对自己才能的自信。“俱怀逸兴壮思飞，欲上青天揽明月”一句抒发了作者远大的抱负，用了夸张的手法，并且“揽”字富有表现力。“抽刀”一句用来比喻内心的苦闷无法排解，显得奇特而富有创造性。“举杯”一句道出了诗人不能解脱，只能愁上加愁的不得志的苦闷心情，同时也抒发了离别的悲伤。全诗大起大落，一波三折，通篇在悲愤之中又贯穿着一种慷慨豪迈的激情，显出诗人雄壮豪放的气概。

诵读方法

弃我去者，昨日之日｜不可留，
●●●● ●●○● ●●○△
乱我心者，今日之日｜多烦忧！
●●○● ○●○● ○○○△
长风万里｜送秋雁，对此｜可以｜酣高楼。
○○●● ●○● ●● ●● ○○○△
蓬莱文章｜建安骨，中间小谢｜又清发。
○○○○ ●○◉△ ○○●● ●○●△
俱怀逸兴｜壮思飞，欲上青天｜揽明月。
○○●● ●●○ ●●○○ ●●●△
抽刀断水｜水更流，举杯消愁｜愁更愁。
○○●● ●●◎△ ●○○○ ○●○△
人生在世｜不称意，明朝散发｜弄扁舟。
○○●● ●●● ○○●● ●○○△

推敲思考

1. 李白如何写愁？

2.“建安骨”本意指什么？在这里又有什么含义？请与家长一起查找资料了解一下相关的文学常识。

（杨婧　编）

在狱咏蝉

唐　骆宾王

西陆①蝉声唱，南冠②客思深。
不堪玄鬓③影，来对《白头吟》④。

露重飞难进，风多响易沉。

无人信高洁，谁为表予心⑤？

注解

① 西陆：指秋天。

② 南冠：楚冠，这里是囚徒的意思。

③ 玄鬓：指蝉的黑色翅膀，这里比喻自己正当盛年。

④ 白头吟：乐府曲名。

⑤ 予心：我的心。

意译

秋天蝉儿在哀婉地鸣叫，身为囚徒的我，不由得生出了阵阵悲伤。

我虽不到四十岁，但已是满头白发，哪能忍受你黑色的蝉翼面对我斑白的双鬓？

秋露浓重，蝉儿纵使展开双翼也难以高飞；寒风瑟瑟，轻易地把它的鸣唱淹没。

虽然蝉儿居高食洁，又有谁能相信我的清白，代我表述内心的沉冤？

简介

骆宾王，字观光，义乌人。唐初诗人，与王勃、杨炯、卢照邻合称“初唐四杰”。骆宾王于武则天光宅元年（684），为起兵扬州反武则天的徐敬业作《代李敬业传檄天下文》。敬业败，骆宾王亡命不知所之，或云被杀，或云为僧。

作意

这是一首咏物诗，作者歌咏蝉的高洁品行，以蝉比兴，以蝉寓己，寓情于物，蝉人浑然一体，抒发了诗人不与世俗同流合污的情感。

作法

诗一开始即点出秋蝉高唱，触耳惊心。接下来就点出诗人在狱中深深怀想家园。三、四两句，一句说蝉，一句说自己，用“不堪”和“来对”构成流水对，把物我联系在一起。诗人把这凄恻的感情委婉曲折地表达了出来。同时，《白头吟》又是乐府曲名，“白头吟”三字于此起了双关的作用，比原意更深入一层，充分显示了诗的含蓄之美。接下来的五六两句，无一字不在说蝉，也无一字不在说自己。“露重”“风多”比喻环境的压力，“飞难进”比喻政治上的不得意，“响易沉”比喻言论上的受压制。蝉如此，诗人也如此，物我在这里融成一片。末句用问句的方式，蝉与诗人又浑然一体了。

诵读方法

西陆｜蝉声｜唱，南冠｜客思｜深。
○● ○○ ● ○○ ●● ○△

不堪｜玄鬓影，来对｜《白头吟》。
●○ ○●● ○● ●○○△

露重｜飞难进，风多｜响易沉。
●● ○○● ○○ ●●○△

无人｜信高洁，谁为｜表予心？
○○ ●○● ○● ●○○△

推敲思考

1. 这首诗体现了诗人怎样的情感？

2. 请和家长一起查阅资料了解“白头吟”的典故。

（沈越萍　编）

草

唐　白居易

离离[1]原上草，一岁一枯荣[2]。
野火烧不尽，春风吹又生。
远芳侵古道[3]，晴翠[4]接荒城。
又送王孙[5]去，萋萋[6]满别情。

注解

① 离离：青草茂盛的样子。

② 一岁一枯荣：野草每年都会茂盛一次，枯萎一次。枯，枯萎。荣，茂盛。

③ 远芳侵古道：远处芬芳的野草一直长到古老的驿道上。芳，指野草浓郁的香气。远芳，草香远播。侵，侵占，长满。

④ 晴翠：草原明丽翠绿。

⑤ 王孙：本指贵族后代，此指远方的友人。

⑥ 萋萋：形容草木长得茂盛的样子。

意译

原上的青青草是多么茂盛，每年秋冬枯黄春来草色浓。
无情的野火不能把它烧完，春风吹来大地又是绿茸茸。
野草野花蔓延着淹没古道，艳阳下草地尽头是你征程。
我又一次送走知心的好友，茂密的青草代表我的深情。

简介

白居易（772—846），字乐天，号香山居士，又号醉吟先生，祖籍太原，到其曾祖父时迁居下邽，生于河南新郑。唐代伟大的现实主义诗人，唐代三大诗人之一。白居易与元稹共同倡导新乐府运动，世称“元白”，与刘禹锡并称“刘白”。白居易的诗歌题材广泛，形式多样，语言平易通俗。

作意

此诗通过对古原上野草的描绘，抒发了送别友人时的依依惜别之情。对草木顽强生命力的描写，揭示了大自然生生不息的客观规律，也暗喻了人在逆境中要顽强拼搏，奋勇抗争。

作法

本诗首句即破题面“原上草”三字。多么茂盛（“离离”）的原上草，抓住春草生命力旺盛的特征，为后文开出很好的思路。“野火烧不尽，春风吹又生。”原上草的特性就是具有顽强的生命力，作者抓住这一特点，造就一种壮烈的意境。五、六句则继续写“原上草”，将重点落到“古原”，以引出“送别”题意。全诗措词自然流畅而又工整，虽是命题作诗，却能融入深切的生活感受，故字字含真情，语语有余味，不但得体，而且别具一格，故能在“赋得体”中称为绝唱。

诵读方法

离离 | 原上 | 草，一岁 | 一枯 | 荣。
○○ ○● ● ●● ●○ ○△
野火 | 烧 | 不尽，春风 | 吹 | 又生。
●● ○ ●● ○○ ○ ●○△
远方 | 侵 | 古道，晴翠 | 接 | 荒城，
●○ ○ ●● ○● ● ○○△
又送 | 王孙 | 去，萋萋 | 满 | 别情！
●● ○○ ● ○○ ● ●○△

推敲思考

1. 诗中哪几句写出了小草顽强的生命力？

2. 你对诗中小草顽强生命力的描写，有什么想法？请和家长一起讨论。

（沈秀红　编）

听弹琴

唐　刘长卿

泠泠①七弦②上，静听松风③寒。

古调④虽自爱，今人多不弹。

注解

① 泠（líng）泠：形容清凉、清淡，也形容声音清越。此指琴音。

② 七弦：琴是中国古代传统民族乐器，由七条弦组成，在此以“七弦”作琴的代称。

③ 松风：即《风入松》，琴调名。以风入松林暗示琴声凄凉。

④ 古调：古时的曲调。

意译

七弦琴奏出清越的曲调悠扬起伏，细细倾听就像那滚滚的松涛声。

我虽然很喜爱这首古时的曲调，但在今天人们大多已不去弹奏了。

简介

刘长卿，字文房，宣城（今属安徽）人，唐代诗人，后迁居洛阳，曾两次被贬。官终随州刺史，世称刘随州。

这首诗牵涉到当时音乐变革的背景。汉魏六朝，南方清乐尚用琴瑟。而到唐代，音乐发生变革，“燕乐”成为一代新声，乐器则以西域传入的琵琶为主。公众的欣赏趣味也变了，受人欢迎的是能表达世俗欢快心声的新乐，而穆如松风的琴声虽美，却成了“古调”。

作意

这是一首托物言志诗，写诗人静听弹琴，表现弹琴人技艺高超，并借古调受冷遇以抒发自己怀才不遇和稀有知音的遗憾，流露出诗人孤高自赏、不同凡俗的情操。

作法

前两句是描写音乐的境界，听到泠泠之音，并辨松风的调；后两句则是议论性抒情，今人好趋时尚，不弹古调，见得自爱古调，不合时宜。穆如松风的琴声虽美，毕竟成了“古调”，已经没有几个人能怀着高雅情致来欣赏，言下便流露出曲高和寡的孤独感。

诵读方法

泠泠｜七弦｜上，静听｜松风｜寒。
○○ ●○ ● ●● ○○ ○△

古调｜虽｜自爱，今人｜多｜不弹。
●○ ● ●● ○○ ○ ●○△

推敲思考

1. 诗人用“今人多不弹”的“多”字，来说明什么？

2. 此诗题目也作《弹琴》，根据诗的内容，哪一个更符合呢？请和家长一起完成。

（俞长英　编）

黄鹤楼

唐　崔颢

昔人已乘黄鹤去，此地空余黄鹤楼①。
黄鹤一去不复返，白云千载空悠悠。
晴川历历②汉阳树，芳草萋萋③鹦鹉洲④。
日暮乡关何处是？烟波江上使人愁！

注解

① 黄鹤楼：故址在今武汉市蛇山。传说三国时期费祎登仙驾鹤于此，因此得名。

② 历历：清楚可数。

③ 萋萋：形容草木长得很茂盛。

④ 鹦鹉洲：唐朝时在汉阳西南长江中，后逐渐被淹没。

意译

传说中的仙人早乘黄鹤飞去，只留下了这空荡的黄鹤楼。

飞去的黄鹤再也没有归来了，唯有悠悠白云仍然千载依旧。

晴天从黄鹤楼遥望江对岸，汉阳的树木看得清清楚楚，鹦鹉洲上，草长得极为茂盛。

时至黄昏，不知何处才是我家乡？面对烟波渺渺，大江令人发愁！

简介

崔颢，唐代诗人，作品激昂豪放、气势宏伟。

作意

这首诗是作者登临黄鹤楼遥望汴州，思乡之情也因之更切，所以写了这首满怀乡愁的诗作，诗中描写了登楼远眺的所见所思，抒发了诗人漂泊异地的伤感和思念故乡的情怀。

作法

此诗为咏黄鹤楼的名篇佳作，即便是大诗人李白也曾有“眼前有景道不得，崔颢题诗在上头”之叹，诗人将黄鹤楼的历史传说与人生的感发写得如此空灵，情景交融，时空切换自然，意境深远。

“昔人已乘黄鹤去，此地空余黄鹤楼。”诗人起笔从黄鹤楼的远古传说写起，这远古传说的追溯，无疑为黄鹤楼罩上了一层神奇虚幻的神秘色彩。“黄鹤一去不复返，白云千载空悠悠”，物是人非，鹤去楼空，只有绵绵的乡恋和悠悠的乡情。“晴川历历汉阳树，芳草萋萋鹦鹉洲”两句笔锋一转，由写传说中的仙人、黄鹤及黄鹤楼，转而写诗人登黄鹤楼所见，由写虚幻的传说转为实写眼前所见的景物，为引发诗人的乡愁作了铺垫。“日暮乡关何处是，烟波江上使人愁”，时已黄昏，何处是我的家乡？烟波浩渺的大江令人生起无限的乡愁！吊古是为了伤今，抒发人生之失意，抒发思乡之情怀。

全篇起、承、转、合自然流畅，没有一丝斧凿痕迹。

诵读方法

昔人｜已乘｜黄鹤去，此地｜空余｜黄鹤楼。
●○ ●○ ○●● ●● ○○ ○●○△
黄鹤｜一去｜不复返，白云｜千载｜空悠悠。
○● ●● ●●● ●○ ○● ○○○△

晴川｜历历｜汉阳树，芳草｜萋萋｜鹦鹉洲。
○○　●●　●○●　○●　○○　○●○△
日暮｜乡关｜何处是？烟波｜江上｜使人愁！
●●　○○　○●●　○○　○●　●○○△

推敲思考

1. 解释“乡关”一词。

2. 这首诗作者抒发了怎样的情怀？

（沈越萍　编）

登鹳鹊楼①

唐　王之涣

白日②依③山尽④，黄河入海流。
欲⑤穷⑥千里目，更上一层楼。

注解

① 鹳鹊楼：也作鹳雀楼。

② 白日：傍晚的太阳。

③ 依：依傍。

④ 尽：消失。

⑤ 欲：想要得到某种东西或达到某种目的的愿望，但也有希

望、想要的意思。

⑥ 穷：尽，使达到极点。

意译

夕阳依傍着西山慢慢地沉没，滔滔黄河朝着东海汹涌奔流。

若想把千里的风光景物看够，那就要登上更高的一层楼。

简介

王之涣是盛唐时期的著名诗人，以善于描写边塞风光著称。他豪放不羁，常击剑悲歌，其诗在当时多被乐工制曲歌唱，名动一时。他常与高适、王昌龄等唱和，代表作有《登鹳鹊楼》《凉州词》等。

作意

这首诗写诗人在登高望远中表现出来的不凡的胸襟抱负，反映了盛唐时期人们积极向上的进取精神。

作法

前两句写所见，诗人遥望落日西沉，黄河奔腾咆哮流归大海。后两句写所想，“欲穷千里目”写诗人一种无止境探求的愿望，还想看得更远，看到目力所能达到的地方，唯一的办法就是要站得更高些，“更上一层楼”。这两句诗发表议论，既出人意表，又与前两句写景承接得十分自然、紧密，从而把诗篇推引入更高的境界，向读者展示了更广的视野。也正因为如此，这两句包含朴素哲理的议论，成为了千古传诵的名句，也使得这首诗成为一首千古绝唱。

诵读方法

白日｜依山｜尽，黄河｜入海｜流。
●● ○○ ● ○○ ●● ○△
欲穷｜千里｜目，更｜上｜一层楼。
●○ ○● ● ● ● ●○○△

推敲思考

1.“欲穷千里目，更上一层楼”这两句诗告诉我们什么道理?

2. 和家长一起查找畅诸的《登鹳雀楼》，读一读，感受一下这两首诗的不同之处。

（俞长英　编）

临洞庭上张丞相[1]

唐　孟浩然

八月湖水平，涵虚混太清[2]，

气蒸云梦[3]泽，波撼岳阳城[4]。

欲济无舟楫，端居耻圣明[5]。

坐观垂钓者，徒有羡鱼情[6]！

注解

① 洞庭：即湖南的洞庭湖，一本作岳阳楼。张丞相：指开元时的张九龄。

② 太清：指天，全句意思是水光接天。

③ 云梦：古时二泽名，在今湖北省东南部的湖泊盆地。

④ 岳阳城：即今湖南岳阳，滨洞庭湖。

⑤ 端居耻圣明：意谓伏处草野，愧对明君。端居，平居之意。圣明指天子。

⑥ 羡鱼情：《汉书·董仲舒传》："古人有言曰：临渊羡鱼，不如退而结网。"意谓羡慕他人，无补于事，总须实地去做。

意译

八月的洞庭湖水盛涨，浩渺无边，和岸边几乎相平，湖水空明，与蓝天相接。

云梦泽上蒸腾起像雾一样的水汽，湖中波涛澎湃，动荡摇撼着岳阳城。

我想要渡湖却没有船只，只能闲居在家，在这样一个圣明时代无事可做，我感到羞愧。

临洞庭上张丞相

闲坐观看别人辛勤临河垂钓，我只能白白羡慕别人得鱼成功。

简介

孟浩然（689—740），唐代诗人，本名不详（一说名浩），字浩然，襄州襄阳（今湖北襄阳）人，世称孟襄阳。少好节义，喜济人患难，工于诗。年四十游京师，唐玄宗诏咏其诗，至“不才明主弃”之语，玄宗谓：“卿自不求仕，朕未尝弃卿，奈何诬我?”因放还未仕，后隐居鹿门山，著诗二百余首。

作意

这是一首所谓“干禄”的诗，意在献诗于张丞相，希望他能够加以录用。

作法

凡作干禄诗，第一不可太自贬身份，措辞总要不亢不卑，又不能十分露出一种寒乞相，也不可过分颂扬对方。能够做到像李白《与韩荆州书》的样子，才是第一等的干禄文字。本诗前半是泛写洞庭湖景色的壮丽，后半是即景生情，所谓“欲济无舟楫”，是用来比喻希望丞相的汲引。所谓“端居耻圣明”，是表白自己不甘伏处草野无由表见。垂钓者是指一般禄仕的人，是说看了纷纷出仕的人，自己也想出为世用，此诗从前人都解释为讽刺贪禄无功之人，未免曲解。

诵读方法

八月｜湖水平，涵虚｜混太清，
●● ○●○△ ○○ ●●○△
气蒸｜云梦泽，波撼｜岳阳城。
●○ ○●● ○● ●○○△
欲济｜无舟楫，端居｜耻圣明。
●● ○○● ○○ ●●○△
坐观｜垂钓者，徒有｜羡鱼情！
●○ ○●● ○● ●○○△

推敲思考

这首诗的“气蒸云梦泽，波撼岳阳城”为什么会成为千古名句？

（郭靖　编）

近试上张籍水部

唐　朱庆馀

洞房①昨夜停红烛②，待晓堂前拜舅姑③。
妆罢低声问夫婿，画眉深浅④入时无⑤。

注解

① 洞房：新婚卧室。

② 停红烛：让红烛通宵点着。停，留置。

③ 舅姑：公婆。

④ 深浅：浓淡。

⑤ 入时无：是否时髦。这里借喻文章是否合适。

意译

洞房里昨夜花烛彻夜通明，等待拂晓拜公婆讨个好评。

打扮好了轻轻问郎君一声：我画眉毛的浓淡可合时兴？

简介

朱庆馀，生卒年不详，名可久，以字行。越州（今浙江绍兴）人，宝历二年（826）进士，官至秘书省校书郎，生平见《唐诗纪事》卷四六、《唐才子传》卷六。《全唐诗》存其诗两卷。朱庆馀以此诗作为参加进士考试的“行卷”，增加中进士的机会。

作意

这诗意在讽喻，别有用意。《全唐诗话》：“庆馀遇水部郎中张籍，知音，索庆馀新旧篇二十六章，置之怀袖而推赞之。时人以籍重名，皆缮录讽咏，遂登科。庆馀作《闺意》一篇以献。”

作法

全诗以“入时无”三字为灵魂。新娘打扮得入不入时，能否讨得公婆欢心，最好先问问新郎，如此精心设问，寓意自明，令人惊叹。张籍在《酬朱庆馀》诗中答道：“越女新妆出镜心，自知明艳更沉吟。齐纨未足时人贵，一曲菱歌敌万金。”把朱氏比作越州镜湖的采菱女，不仅长得艳丽动人，而且有绝妙的歌喉，这是身着贵重丝绸的其他越女所不能比并的。文人相重，酬答俱妙，千古佳话，流誉诗坛。

诵读方法

洞房｜昨夜｜停红烛，待晓｜堂前｜拜舅姑。
●○ ●● ○○● ●● ○○ ●●○△
妆罢｜低声｜问夫婿，画眉｜深浅｜入时无。
○● ○○ ●○● ●○ ○● ●○○△

推敲思考

1. 诗歌中哪些词语表现了新娘的性格？

2. 与家长一起吟读张籍的《酬朱庆馀》。诗中把朱庆馀比作什么？有绝妙的什么？

（高秋欢　编）

幽思怀人

夜雨寄北

唐　李商隐

君问归期未有期，巴山[①]夜雨涨秋池。
何当共剪西窗烛，却话巴山夜雨时。

注解

① 巴山：在今四川南江县北，有大巴山、小巴山。

意译

你问我什么时候回去，我还没有确定的日子。此刻巴山的夜雨淅淅沥沥，雨水涨满了秋天的河池。

什么时候我才能回到家乡，在西窗下我们一边剪烛一边谈心，那时我再对你说说，今晚在巴山作客听着绵绵夜雨，我是多么寂寞，多么想念你！

简介

此诗收录于《李义山诗集》。

李商隐，字义山，号玉溪（谿）生、樊南生，唐代著名诗人，和杜牧合称为“小李杜”，与温庭筠合称为“温李”，因诗文与同时期的段成式、温庭筠风格相近，且三人都在家族里排行第十六，故并称为“三十六体”。其诗构思新奇，风格秾丽。

作意

此诗一本题作《夜雨寄内》，是寄给妻子的诗，因义山家在河内（河南北部），所以说“寄北”。或解为寄给朋友的诗，或有未合。按现时“西窗话雨”多用作友朋思念之典，亦觉误用。

作法

此诗有一个特别的句法，就是“巴山夜雨”四字，前后重用，称为重复句。二句“巴山夜雨”，是身在巴山看雨。四句“巴山夜雨”是想到将来回家时话巴山看雨的情怀，而身仍在巴山，关键全在“何当”二字，意思是“什么时候能够”，和上文“未有期”相呼应。这种重复句的运用，最可表达一种缠绵的情致，但须意思曲折，才有风韵。

诵读方法

君问|归期|未有期，巴山|夜雨|涨秋池。
○● ○○ ●●○△ ○○ ●● ●○○△
何当|共剪|西窗烛，却话|巴山|夜雨时。
○○ ●● ○○● ●● ○○ ●●○△

推敲思考

1. 诗中表达作者渴望团聚及美好愿望的是哪句？

2. 这首诗写了哪两种不同的时间和空间？

（陈方　编）

无　题

唐　李商隐

相见时难别亦难，东风无力百花残。
春蚕到死丝方尽，蜡炬成灰泪始干。
晓镜但愁云鬓改，夜吟应觉月光寒。
蓬山①此去无多路，青鸟②殷勤为探看。

注解

① 蓬山：蓬莱、方丈、瀛洲三神山，相传在渤海中。

② 青鸟：神鸟。《史记·司马相如列传》："亦幸有三足乌为之使。"

意译

见面的机会真是难得，分别时更是难舍难分，况且又兼东风将收的暮春天气，百花残谢，更加使人伤感。

春蚕结茧到死时丝才吐完，蜡烛要燃尽成灰时像泪一样的蜡油才能滴干。

女子早晨妆扮照镜，只担忧丰盛如云的鬓发改变颜色，青春的容颜消失。男子晚上长吟不寐，必然感到冷月侵人。

对方的住处就在不远的蓬莱山，却无路可通，可望而不可及。希望有青鸟一样的使者殷勤地为我去探看情人。

简介

在唐代，人们崇尚道教，信奉道术。李商隐在十五六岁的时候，即被家人送往玉阳山学道，其间与玉阳山灵都观女道士宋华阳相识相恋。但两人的感情却不能为外人所知，而作者的内心又奔涌着无法抑制的爱情狂澜，因此他只能以诗记情，并隐其题，从而使诗显得既朦胧婉曲，又深情无限。

作意

此诗有表白两情坚固至死不渝之意。

作法

首句抒情，次句写景，颔联用两物作譬，以誓两人情爱的坚，有一息尚存志不稍懈之意。颈联有相劝爱惜身体之意，“但愁”“应觉”都是悬想猜测之词，而一种体贴入微之意，自在流露。诗中用虚字要逼切神情口吻，此等处，都可用法。末联“蓬山”是隐指其人居处，“青鸟”是希望有使者传递消息。在绝望之中，别寻活路，文字亦春云再展，别有风趣。

诵读方法

相见时难｜别亦难，东风无力｜百花残。
○●○○ ●●○△ ○○○● ●○○△
春蚕到死｜丝方尽，蜡炬成灰｜泪始干。
○○●● ○○● ●●○○ ●●○△
晓镜｜但愁｜云鬓改，夜吟｜应觉｜月光寒。
●● ●○ ○●● ●○ ○● ●○○△
蓬山此去｜无多路，青鸟殷勤｜为探看。
○○●● ○○● ○●○○ ●●○△

推敲思考

1.“春蚕到死丝方尽，蜡炬成灰泪始干”是诗中的警句，此句运用了双关语，“丝方尽”隐喻思方尽，“泪始干”隐喻相思之泪，后被大家比喻为无私奉献的象征，和你的亲人联系起来，你认为谁最有资格享用？

2.“东风无力百花残”有什么妙处？

（陈方　编）

登乐游原[1]

唐　李商隐

向晚[2]意不适[3]，驱车登古原[4]。
夕阳无限好，只是近[5]黄昏。

注解

① 乐游原：在长安（今西安）城南，是唐代长安城内地势最高地，登上它可俯瞰长安城。乐游原在秦代属宜春苑的一部分，得名于西汉。汉宣帝立乐游庙，又名乐游苑，汉宣帝第一个皇后许氏产后死去葬于此。《汉书·宣帝纪》载："神爵三年，起乐游苑。"因"苑"与"原"谐音，乐游苑即被传为"乐游原"。

② 向晚：傍晚。

③ 不适：不悦，不快。

④ 古原：指乐游原。

⑤ 近：快要。

意译

傍晚时心情不快，驾着车登上古原。
夕阳啊无限美好，只不过已快黄昏。

简介

李商隐的诗构思新奇，风格秾丽，尤其是一些爱情诗和无题诗写得缠绵悱恻，优美动人，广为传诵。他因处于牛李党争的夹缝之中，一生很不得志。有《李义山诗集》。

作意

李商隐所处的时代是国运将尽的晚唐，尽管他有抱负，但是无法施展，很不得志。这首诗就反映了他的伤感情绪。

作法

此诗前两句“向晚意不适，驱车登古原”点明登古原的时间和原因，诗人心情忧郁，为了解闷，就驾着车子外出眺望风景，于是登上古原。后两句“夕阳无限好，只是近黄昏”描绘了这样一幅画面：余晖映照，晚霞满天，山凝胭脂，气象万千。诗人将时代没落之感、家国沉沦之痛、身世迟暮之悲，一起熔铸于黄昏夕照下的画面中。是说晚景虽好，可惜不能久留，比方人到晚年，亦难长久。

诵读方法

向晚｜意不适，驱车｜登古原。
●● ●●● ○○ ○●○△
夕阳｜无限好，只是｜近黄昏。
●○ ○●● ●● ●○○△

推敲思考

1. 诗人为什么要登上乐游原呢?

2. 和你的父母一起诵读此诗，比一比谁更有感情。

（江晓霞　编）

游子吟[①]

唐　孟郊

慈母手中线，游子身上衣。
临行密密缝，意恐迟迟归。
谁言寸草[②]心[③]，报得三春晖[④]？

注解

① 游子：古代称远游旅居的人。吟：诗体名称。

② 寸草：微细的草。

③ 心：语义双关，既指草木的茎干，也指子女的心意。

④ 晖：春天的阳光。形容母爱如春天般温暖，和煦的阳光照耀着子女。

意译

慈母用手中的针线，为远行的儿子赶制身上的衣衫。

临行前一针针密密地缝缀，怕的是儿子回来得晚。

有谁敢说，子女像小草那样微弱的孝心，能够报答得了像春晖普照那样的慈母恩情呢？

简介

孟郊（751—814），唐代诗人，字东野，湖州武康（今浙江德清）人，祖籍平昌（今山东临邑东北），故友人时称平昌孟东野。生性孤直，一生潦倒，友人私谥贞曜先生。诗名甚籍，尤长五古，愤世嫉俗，但情绪低沉，语多苦涩，苏轼将其与贾岛并称为“郊寒岛瘦”。有《孟东野诗集》。

作意

此诗是说母亲爱他儿子的密切真挚，在最细微的地方，也会流露出来。这种母爱，做儿子的哪能报答得完呢？

作法

前四句是直叙母爱。后两句是以寸草不能报答春光照临的恩，比喻做儿子的报不尽母恩。最后两句“谁言寸草心，报得三春晖”，是作者直抒胸臆，对母爱作尽情的讴歌。这两句采用传统的比兴手法：儿女像区区小草，母爱如春天阳光。儿女怎能报答母爱于万一呢？悬绝的对比，形象的比喻，寄托着赤子对慈母发自肺腑的爱。

诵读方法

慈母｜手中线，游子｜身上衣。
○ ●　● ○ ●　○ ●　○ ●○△
临行｜密密缝，意恐｜迟迟归。
○ ○　● ● ○　● ●　○ ○○△
谁言｜寸草心，报得｜三春晖？
○ ○　● ● ○　● ●　○ ○○△

推敲思考

1. 哪一句诗歌颂了母爱的伟大？

2. 回想一下，父母做的哪些事也让你深深感动？

（关文静　编）

野　望

唐　杜甫

西山①白雪三城戍②，南浦③清江④万里桥⑤。
海内风尘⑥诸弟⑦隔，天涯涕泪一身遥。
惟将迟暮⑧供多病⑨，未有涓埃⑩答圣朝。
跨马出郊时极目，不堪人事日萧条！

注解

①西山：在成都西，主峰雪岭终年积雪。

②三城戍：三城为蜀边要镇，吐蕃时相侵犯，故驻军守之。

③南浦：南郊外水边地。

④清江：指锦江。

⑤万里桥：在成都城南。

⑥风尘：指安史之乱导致的连年战火。

⑦诸弟：杜甫的四个弟弟，颖、观、丰、占。只有杜占随他入蜀，其他三弟都散居各地。

⑧迟暮：这时杜甫年五十。

⑨供多病：交给多病之身了。供，付托。

⑩涓埃：滴水、微尘，指毫末之微。

意译

西山白雪皑皑护卫三城重镇，南浦边清江水长横跨万里桥。

四海之内战火不断兄弟失散，只身远在天涯不禁涕泪涟涟。

迟暮之年只有一身疾病相伴，未有丝毫劳绩报答圣明朝廷。

骑马来到郊外不住纵目远望，世事日益萧条令人悲伤怅惘。

简介

杜甫，字子美，自号少陵野老，唐代伟大的现实主义诗人。杜甫在中国古典诗歌中的影响非常深远，被后人称为“诗圣”，他的诗被称为“诗史”。杜甫共有约一千四百首诗歌被保留了下来，大多集于《杜工部集》。

作意

《野望》是杜甫创作的一首七言律诗。诗人出城野望，表面上一派清腑景色，潜藏在下面的却是海内风尘。忧国伤时，想起诸弟流离分散，自己孑然一身在天涯，未来就更见艰危，表现出一种沉痛的感情。

作法

诗的首联写野望时所见的西山和锦江景色；颔联由野望联想到兄弟的离散和孤身浪迹天涯；颈联抒写迟暮多病不能报效国家之感；尾联写野望的方式和对家国的深沉忧虑。诗以“野望”为题，是诗人跃马出郊时感伤时局、怀念诸弟的自我写照。杜甫虽流落西蜀，但报效李唐王朝之心，始终未改，足见他的爱国意识是很强烈的。杜甫“跨马出郊”，“极目”四“望”，原本为了排遣郁闷。但爱国爱民的感情，却驱迫他由“望”到的自然景观引出对国家大事、弟兄离别和个人经历的种种反思。一时间，报效国家、怀念骨肉和伤感疾病等思想感情，集结心头。尤其为“迟暮”“多病”发愁，为“涓埃”未“答”抱愧。此诗前三联写野望时思想感情的变化过程，即由向外观察转为向内审视。尾联才指出由外向到内向的原因。在艺术结构上，颇有控纵自如之妙。

诵读方法

西山 | 白雪 | 三城戍，南浦 | 清江 | 万里桥。
○○ ●● ○○● ○● ○○ ●●○△
海内 | 风尘 | 诸弟隔，天涯 | 涕泪 | 一身遥。
●● ○○ ○●● ○○ ●● ●○○△
惟将 | 迟暮 | 供多病，未有 | 涓埃 | 答圣朝。
○○ ○● ○○● ●● ○○ ●●○△
跨马 | 出郊 | 时极目，不堪 | 人事 | 日萧条！
●● ●○ ○●● ●○ ○● ●○○△

推敲思考

1.“海内风尘诸弟隔”一句运用了哪种修辞手法？请简要说明。

2. 这首诗情感丰富，请具体分析。

（沈越萍　编）

月　夜

唐　杜甫

今夜鄜州①月，闺中②只独看③！

遥怜[4]小儿女，未解[5]忆长安。

香雾云鬟湿，清辉玉臂寒。

何时倚虚幌[6]，双照泪痕干。

注解

① 鄜（fū）州：今陕西富县。

② 闺中：内室。

③ 看：读 kān。

④ 怜：想。

⑤ 未解：尚不懂得。

⑥ 幌（huǎng）：帷幔。

意译

今夜鄜州月亮，一定同样清圆，遥想闺中妻子，只能独自观赏。

可怜幼小的儿女，怎懂思念的心酸？

蒙蒙雾气，或许沾湿了妻子的头发；冷冷月光，该是映寒了妻子的玉臂。

何时才能团圆相见，倚靠薄帷共赏明月。那时一定月色依旧，就让月光默默照干我们的泪痕。

简介

天宝十五载（756）春，安禄山由洛阳攻潼关。六月，长安陷落，玄宗逃蜀，叛军入白水，杜甫携家逃往鄜州羌村。七月，肃宗在灵武（今宁夏灵武县）即位，杜甫获悉即从鄜州只身奔向灵武，不料途中被安史叛军所俘，押回长安。八月，作者被禁长安，望月思家而作此诗。

作意

《唐书》本传："会禄山乱，天子入蜀，甫避走三川。肃宗立，自州羸服欲奔行在，为贼所得。"此诗则是杜甫在长安所作，是一首忆内的诗，从反面抒写离情。

作法

此诗章法，有一特别之处，是不从自己长安这里说，却偏从州那边妻子说。首联不说自己见月忆妻，单说妻子见月忆己。颔联不说自己看月忆儿女，偏说儿女随母看月不解忆己。写儿女不解忆的忆，其忆更苦。颈联是想象妻子看月忆己时的光景，这一联风光旖旎，杜集中不大多见。尾联以"双照"应"独看"，是写希望相思愿偿，能够聚首相倚一同看月，那两人的泪，就可干了。情深一往，至于如此。

诵读方法

今夜｜鄜州月，闺中｜只独看！
○●　○○●　○○　●●○△
遥怜｜小儿女，未解｜忆长安。
○○　●○●　●●　●○○△

香雾｜云鬟湿，清辉｜玉臂寒。
○ ●　○ ○ ●　○ ○　● ●○△
何时｜倚虚幌，双照｜泪痕干。
○ ○　● ○ ●　○ ●　● ○○△

推敲思考

这首诗的首联和颔联中的哪两个字让人读来感觉意蕴无穷？

（郭靖　编）

月夜忆舍弟[1]

唐　杜甫

戍鼓[2]断人行[3]，边秋[4]一雁声。
露从今夜白，月是故乡明。
有弟皆分散[5]，无家问死生。
寄书长不达，况乃未休兵！

注解

① 舍弟：谦称自己的弟弟。

② 戍鼓：戍楼上的更鼓。戍，驻防。

③ 断人行：指鼓声响起后，就开始宵禁，禁止夜间通行。

月夜忆舍弟

④ 边秋：一作“秋边”，秋天的边地，边塞的秋天。

⑤ 杜甫有两个弟弟分散在山东、河南一带。

意译

戍楼上的更鼓声隔断了人们的来往，边塞的秋天里，一只孤雁正在鸣叫。

从今夜起就进入了白露节气，月亮还是故乡的最明亮。

虽有兄弟却都分散了，国亡家破无法探问生死。

寄往洛阳城的家书常常不能送到，何况战乱频繁没有停止。

简介

这首诗是乾元二年（759）秋杜甫在秦州所作。这年九月，史思明从范阳引兵南下，攻陷汴州，西进洛阳，山东、河南都处于战乱之中。当时，杜甫的两个弟弟正分散在这一带，由于战事阻隔，音信不通，引起他强烈的忧虑和思念。

作意

安史为乱，诗人流离颠沛，上念国难，下有家忧，其至性至情，都从诗篇中流露，此诗即是忆二弟之作。

作法

此诗虽然信手挥写，似不经意，但其层次井然，首尾相应，并且句句不离忆字，如因闻雁而忆，因寒露而忆，因望月而忆。分散则死生不明，无家则寄书不达。未休兵故断人行，句句都可连贯在一起。王彦辅说："子美善用故事及常语，多颠倒用之，语峻而体健，如'露从今夜白，月是故乡明'之类是也。"其意谓这二句意不过是今夜露白，故乡月明而已，经子美一为颠倒，即觉矫健有力，于此可悟造句方面化平板为神奇的方法。

诵读方法

戍鼓｜断人行，边秋｜一雁声。
● ●　● ○ ○△　○ ○　● ● ○△
露从｜今夜白，月是｜故乡明。
● ○　○ ● ●　● ●　● ○ ○△
有弟｜皆分散，无家｜问死生。
● ●　○ ○ ●　○ ○　● ● ○△
寄书｜长不达，况乃｜未休兵！
● ○　○ ● ●　● ●　● ○ ○△

推敲思考

题目是"月夜忆舍弟"，作者首联为何不从月夜写起？

（郭靖　编）

相思

唐　王维

红豆①生南国，春来发几枝？

愿君多采撷②，此物最相思。

注解

① 红豆：红豆树，乔木，羽状复叶，产在亚热带地区。小叶长椭圆形，圆锥花序，花白色，荚果扁平，种子鲜红色，叫红豆，也叫相思子。

② 采撷（xié）：采摘。

意译

鲜红浑圆的红豆，生长在阳光明媚的南方，春暖花开的季节，不知又生出多少？

希望思念的人儿多多采摘，小小红豆引人相思。

简介

此诗一作《江上赠李龟年》，可见为怀念友人之作。据载，天宝末年安史之乱时，李龟年流落江南曾演唱此诗，可证此诗为天宝年间所作。

作意

这是借咏物而寄相思的诗，但不是直接咏物，而是间接咏人，有因物寄相思之意。

作法

起句因物起兴，语虽单纯，却富于想象；接着以问句寄语，意味深长地寄托情思；第三句暗示珍重友谊，表面似乎嘱人相思，背面却深寓自身相思之重；最后一语双关，既切中题意，又关合情思，妙笔生花，婉曲动人。全诗情调健美高雅，怀思饱满奔放，语言朴素无华，韵律和谐柔美。

诵读方法

红豆｜生南国，春来｜发几枝。
○ ● ○ ○ ● ○ ○ ● ● ○△
愿君｜多采撷，此物｜最相思。
● ○ ○ ● ● ● ● ● ○ ○△

推敲思考

1. 这里的红豆是象征了什么？为什么“愿君多采撷”？“此物最相思”是什么意思？

2. 学习了这首古诗后有什么感想？说说你平时是怎样与朋友交往的。

（张莉　编）

静夜思[①]

唐　李白

床前明月光，疑[②]是地上霜。

举头[③]望明月，低头思故乡。

注解

① 静夜思：静静的夜里，产生的思绪。

② 疑：好像。

③ 举头：抬头。

意译

明亮的月光洒在床前，好像地上泛起了一层霜。

我禁不住抬起头来，看那空中的一轮明月，不由得低头沉思，想起远方的家乡。

简介

李白，字太白，号青莲居士，陇西成纪人，唐朝浪漫主义诗人，被后人誉为“诗仙”，与杜甫并称为“李杜”。李白存世诗文千余篇，有《李太白集》。李白的诗以抒情为主。其诗风格豪放飘逸洒脱，想象丰富，语言流转自然，音律和谐多变，代表我国古典积极浪漫主义诗歌的新高峰。

作意

这首诗写的是在寂静的月夜思念家乡的感受，被称为“千古思乡第一诗”。它以清新朴素的笔触，抒写了丰富深曲的内容。境是境，情是情，真切动人，百读不厌，耐人寻味。无怪乎有人赞它是“妙绝古今”。

作法

诗的前两句，是写诗人在作客他乡的特定环境中的一刹那间产生的错觉。“疑”字，生动地表达了诗人睡梦初醒，迷离恍惚中将照射在床前的清冷月光误作铺在地面的浓霜。而“霜”字，既形容了月光的皎洁，又表达了季节的寒冷，还烘托出诗人漂泊他乡的孤寂凄凉之情。

诗的后两句，则是通过动作神态的刻画，深化思乡之情。“望”字照应了前句的“疑”字。“低头”这一动作描画出诗人完全处于沉思之中。而“思”字又给读者留下丰富的想象。

从“疑”到“举头”，从“举头”到“低头”，形象地揭示了诗人的内心活动，鲜明地勾勒出一幅生动形象的月夜思乡图。

诵读方法

床前｜明月光，疑是｜地上霜。
○○　○●○△　○●　●●○△

举头｜望｜明月，低头｜思｜故乡。
●○　●　○●　○○　○　●○△

推敲思考

1. 诗中如何用举头和低头体现李白的思乡之情?

2. 请赏析诗中你认为用得最巧妙的字。

（盛敏丽　编）

渡汉江[①]

唐　李频

岭外[②]音书[③]绝，经冬复立春。

近乡情更怯，不敢问来人[④]。

注解

① 汉江：汉水。长江最大支流，源出陕西，经湖北流入长江。

② 岭外：五岭以南的广东省大部分地区，通常称岭南。唐代常作罪臣的流放地。

③ 书：信。

④ 来人：渡汉江时遇到的从家乡来的人。

意译

久在岭南居住，家乡音讯全无；经历一个寒冬，又到立春时候。

距离家乡越近，心中越发不安；遇人不敢相问，唯恐消息不祥。

简介

李频（818—876），字德新，晚唐诗人，大中元年（847）进士，寿昌长汀源人（今浙江建德李家镇）。幼读诗书，博览强记，领悟颇多。

作意

这是诗人久离家乡而返归途中所写的抒情诗，意在写思乡情切，表现出诗人对家乡和亲人的挚爱之情和游子远归家乡时激动、不安、畏怯的复杂心理。

作法

前两句主要追叙久居岭外的情况，贬斥蛮荒，本就够悲苦的了，何况又和家人音讯隔绝，彼此未卜存亡，更何况又是在这种情况下经冬历春，挨过漫长的时间。后两句抒写接近家乡时矛盾的心情，因为诗人贬居岭外，又长期没有家人的任何音讯，一方面固然日夜都在思念家人，另一方面又时刻担心家人的命运，怕家人由于自己的牵累而遭到不幸。此诗有巧妙的抒情艺术。诗人用逐层递进的追述，交代了背景之后，立即直抒胸臆，不加保留地倾诉出矛盾心理和痛苦心情。这种高度简洁的抒情手法，使诗歌以最省略的语言，获取了极为深远的艺术效果。

诵读方法

岭外｜音书绝，经冬｜复立春。
●● ○○● ○○ ●●○△
近乡｜情更怯，不敢｜问来人。
●○ ○●● ●● ●○○△

推敲思考

1. 诗人为什么离家乡越近心里越不安？

2. 和你的父母一起诵读此诗，比一比谁更有感情。

（江晓霞　编）

宫　词

唐　张祜

故国①三千里，深宫②二十年。
一声《何满子》③，双泪落君④前。

注解

① 故国：故乡。此为代宫女而言。

② 深宫：指皇宫。

③ 何满子：唐教坊曲名，曲调悲绝。白居易《何满子》诗中说它“一曲四词歌八叠，从头便是断肠声”。

④ 君：指皇帝，这里指唐武宗。

意译

故乡和亲人远在千里之外，我已被幽闭在这深宫里二十年了。

听一声曲子《何满子》，忍不住在皇帝面前掉下眼泪。

简介

唐武宗李炎宠幸善歌才人孟氏，后值武宗病重，孟才人侍其侧，武宗问曰：“我或不讳，汝将何之?”孟才人对曰：“若陛下万岁之后，无复为生。”当时，武宗令其于病榻之前歌《何满子》一曲，声调凄咽，闻者涕零。不久，武宗驾崩，孟才人哀痛数日而死。张枯为孟才人殉情之事写了三首诗，一首题作《孟才人叹》，另二首为一组，总题名《宫词》。

作意

作者以举重若轻、驭繁如简的笔力，把一个宫人远离故乡、幽闭深宫的整个遭遇浓缩在这首诗里，写出了宫人的幽怨。

作法

首句“故国三千里”，是从空间着眼，写去家之远；次句“深宫二十年”，是从时间下笔，写入宫之久；三句“一声《何满子》”，是写歌舞；四句“双泪落君前”是写悲怨，自有层次。四句诗中，以“三千里”表明距离，以“二十年”表明时间，以“一声”写歌唱，以“双泪”写泣下，句句都用了数目字。而数字在诗歌中往往有其特殊作用，它能把一件事情、一个问题表达得更清晰，更准确，给读者以更深刻的印象，也使诗句特别精练有力。这首诗在艺术形式上的这两个特点，与它的内容互为表里，相得益彰。

诵读方法

故国｜三千里，深宫｜二十年。
●●　○○●　○○　●●○△
一声｜《何满子》，双泪｜落君前。
●○　○●●　○●　●○○△

推敲思考

1. 张祜这首诗要表达的是什么？

2. 柳宗元《别舍弟宗一》诗中“一身去国六千里，万死投荒十二年”一联，也是以距离的遥远、时间的长久来表明去国投荒的分外可悲，找一找这首诗，和家长一起读一读。

（江晓霞　编）

竹里馆[1]

唐　王维

独坐幽篁[2]里，弹琴复长啸[3]。

深林[4]人不知，明月来相照。

注解

① 竹里馆：辋川别墅胜景之一，房屋周围有竹林，故名。

② 幽篁（huáng）：幽深的竹林。

③ 啸（xiào）：嘬口发出长而清脆的声音，类似于打口哨。魏晋名士称吹口哨为啸。

④ 深林：指“幽篁”。

意译

独自闲坐在幽静的竹林里，时而弹琴时而长啸。

密林之中有什么人知晓我在这里？只有一轮明月静静与我相伴。

简介

《竹里馆》是王维晚年隐居蓝田辋川时创作的一首五言绝句。

竹里馆

作意

此诗写隐者的闲适生活以及情趣，描绘了诗人月下独坐、弹琴长啸的悠闲生活，传达出诗人宁静、淡泊的心情，表现了清幽宁静、高雅绝俗的境界。

作法

这首诗表现了一种清静安详的境界。总共四句，拆开来看，既无动人的景语，也无动人的情语，但四句诗合起来，却妙谛自成，境界自出，蕴含着一种特殊的艺术魅力。前两句写诗人独自一人坐在幽深茂密的竹林之中，一边弹着琴，一边又发出长长的啸声。其实，不论“弹琴”还是“长啸”，都体现出诗人高雅闲淡、超拔脱俗的气质。后两句说：“深林人不知，明月来相照。”意思是说，自己僻居深林之中，也并不为此感到孤独，因为那一轮皎洁的月亮还在时时照耀自己。全诗的格调幽静闲远，仿佛诗人的心境与自然的景致全部融为一体了。

诵读方法

独坐｜幽篁里，弹琴｜复长啸。
●● ○○● ○○ ●○●△
深林｜人不知，明月｜来相照。
○○ ○●○ ○● ○○●△

推敲思考

诗中的“明月来相照”使用了拟人化的手法。你觉得诗人把倾洒着银辉的一轮明月当成了什么呢？

（汪雪芳　编）

杂　诗

唐　王维

君自故乡来，应知故乡事。

来日[①]绮窗[②]前，寒梅着花未[③]？

注解

① 来日：来的时候。

② 绮窗：雕画花纹的窗户。

③ 着（zhuó）花未：开花没有。着，一作“著”。着花，开花。未，用于句末，相当于“否”，表疑问。

意译

您是刚从我们家乡来的，一定了解家乡的人情世态。

请问您来的时候，我家雕画花纹的窗户前，那一株梅花开了没有？

简介

《杂诗》三首，是王维拟江南乐府民歌风格所作的一组抒写游子思妇之情的五言绝句。这是第二首，描写游子思念家人，向故乡来人询问家中情形的话，选自《王维集校注》。

作意

这首诗表现了诗人的情趣与倾向，描写了一个不同寻常的游子形象。他是在歌颂一种虽然饱经沧桑，但永不世故、永葆自由心态的人生风范。

作法

诗中的抒情主人公（“我”，不一定是作者），是一个久在异乡的人，忽然遇上来自故乡的旧友，首先激起的自然是强烈的乡思，是急欲了解故乡风物、人事的心情。开头两句，以一种不加修饰、接近生活的自然状态的形式，传神地表达了“我”的这种感情。“故乡”一词迭见，正表现出乡思之切。“来日绮窗前，寒梅着花未?”这株寒梅，不再是一般的自然物，而成了故乡的一种象征。它已经被诗化、典型化了。因此这株寒梅也自然成了“我”的思乡之情的集中寄托。

诵读方法

君自｜故乡来，应知｜故乡事。
○ ● ● ○ ○ ○ ○ ● ○ ●△
来日｜绮窗前，寒梅｜着花未?
○ ● ● ○ ○ ○ ○ ● ○ ●△

推敲思考

诗人对家乡的思念之情在哪句诗上最为突出？

（汪雪芳　编）

寄扬州韩绰判官①

唐　杜牧

青山隐隐水迢迢②，秋尽江南草未凋。

二十四桥③明月夜，玉人④何处教吹箫。

注解

① 韩绰：人名，生平不详。判官：节度使下面佐理的官吏。

② 迢迢：江水悠长遥远的样子。

③ 二十四桥：故址在今江苏扬州市江都区，隋置，以城门坊市取名，凡二十有四。后因州城改筑，二十四桥即或存或废。或谓即吴家砖桥，一名红药桥，古有二十四美人吹箫于此，故名。

④ 玉人：美人。

意译

青山隐隐约约，绿水远远流逝，秋天快要过去了，草木还没有凋谢。

明月映照着二十四桥的夜晚，朋友你又在何处教美人吹箫？

简介

文宗大和七年（833）到九年，作者在扬州淮南节度使幕府任推官，转掌书记。此诗为作者离开扬州回长安供职后所作。作者另有《哭韩绰》诗，首句云：“平明送葬上都门。”

作意

这首诗风调悠扬，意境优美。诗人用回忆想象编织了月夜桥上教吹箫的生活图景，不仅透露了诗人对扬州繁华景象和令风流才子们醉心不已的生活的怀恋，还借此寄托了对旧游之地的思念，重温了彼此同游的情谊；既含蓄地表现了对友人的善意调侃，又对友人现在的处境表示了无限歆慕。

作法

首二句是报告江南秋老景色，即是说明怀念故人的缘由。下二句即用扬州典故相调侃，是说扬州风景繁华，近来你在何处教玉人吹箫？用“何处”即有问他近况怎样之意。故以吹箫相问，即觉别有风韵。这就是用典故能将典故溶解开来，成为别的一种解释，不至于为典故所束缚。

诵读方法

青山｜隐隐｜水迢迢，秋尽｜江南｜草未凋。
○○　●●　●○○　○●　○○　●●○△
二十四桥｜明月夜，玉人｜何处｜教吹箫。
●●●○　○●●　●○　○●　●○○△

推敲思考

1. 说说“青山隐隐水迢迢”中两个叠词“隐隐”“迢迢”的表达作用。

2. 很多诗人写到过扬州这个地方，你还知道哪些诗？请和家长一起查阅资料，积累一下。

（王言　编）

离情别意

送杜少府之任蜀州[①]

唐　王勃

城阙辅三秦[②]，风烟望五津[③]。
与君离别意，同是宦游人。
海内存知己，天涯若比邻。
无为在歧路，儿女共沾巾。

注解

① 本诗选自《王子安集》（四部丛刊本）。蜀州：今四川崇州，也作蜀川。

② 三秦：这里泛指秦岭以北、函谷关以西的广大地区。本指长安周围的关中地区。秦亡后，项羽三分秦故地关中为雍、塞、翟三国，以封秦朝的三个降将，因此关中又称“三秦”。

③ 五津：指岷江的五个渡口白华津、万里津、江首津、涉头津、江南津。这里泛指蜀州。

意译

古代三秦之地，拱护长安城垣宫阙。风烟滚滚，望不到蜀州岷江的五津。

与你握手作别时，彼此间心心相印；你我都是远离故乡，出外做官之人。

四海之内只要有了你，知己啊知己，就算远隔在天涯海角，都像在一起。

请别在分手的歧路上像多情的少年男女那样伤心痛哭，彼此泪落沾衣。

简介

该诗是送别诗的名作，诗意慰勉勿在离别之时悲哀。起句严整对仗，三、四句以散调相承，以实转虚，文情跌宕。第三联“海内存知己，天涯若比邻”，奇峰突起，高度地概括了“友情深厚，江山难阻”的情景，千古传诵，有口皆碑。尾联点出“送”的主题。

作意

此是送别的诗，意在劝慰友人不要为离别而悲哀，读了自有一种至友挚情油然而生，慷爽天真，不作悲酸之语，可以想见其为人。

作法

全诗开合顿挫，气脉流通，意境旷达。一洗古送别诗中的悲凉凄怆之气，音调爽朗，清新高远，独树一帜。

此诗一改往昔送别诗中悲苦缠绵之态，体现出高远的志趣和旷达的胸怀。“海内存知己，天涯若比邻”两句，成为远隔千山万水的朋友之间表达深厚情谊的不朽名句。

诵读方法

城阙｜辅｜三秦，风烟｜望｜五津。
○● ● ○○△ ○○ ● ●○△
与君｜离别｜意，同是｜宦游｜人。
●○ ○● ● ○● ●○ ○△
海内｜存｜知己，天涯｜若｜比邻。
●● ○ ○● ○○ ● ●○△
无为｜在｜歧路，儿女｜共｜沾巾。
○○ ● ○● ○● ● ○○△

推敲思考

1.“海内存知己，天涯若比邻”两句诗是什么意思？

2. 和父母一起查找“三秦大地”大致的地理位置。

（俞淑君　编）

芙蓉楼[①]送辛渐

唐　王昌龄

寒雨[②]连江[③]夜入吴[④]，平明[⑤]送客[⑥]楚山[⑦]孤。

洛阳亲友如相问，一片冰心[⑧]在玉壶[⑨]。

注解

① 芙蓉楼：原名西北楼，在润州（今江苏省镇江市）西北。登临可以俯瞰长江，遥望江北。据《元和郡县志》卷二十六《江南道一·润州》："晋王恭为刺史，改创西南楼名万岁楼，西北楼名芙蓉楼。"

② 寒雨：秋冬时节的冷雨。

③ 连江：雨水与江面连成一片，形容雨很大。

④ 吴：古代国名，这里泛指江苏南部、浙江北部一带。

⑤ 平明：天亮的时候。

⑥ 客：指作者的好友辛渐。

⑦ 楚山：楚地的山。这里的楚也指南京一带，因为古国吴、楚先后统治过这里，所以吴、楚可以通称。

⑧ 冰心：比喻纯洁的心。

⑨ 玉壶：比喻高洁的胸怀。

意译

蒙蒙的烟雨，雨水与江水连成一片，连夜洒遍吴地；清晨起身，送别友人，心如楚山，寂寞孤独。

你到洛阳，如果有亲友问起我来，就说我依然冰心玉壶，坚守信念。

简介

王昌龄（？—756?），字少伯，长安人。开元十五年（727）中进士，历任校书郎、汜水尉，天宝元年任江宁丞，天宝七载贬为龙标尉，世称王江宁或王龙标。安史之乱起，他避乱回乡，为刺史闾丘晓所杀。

此诗当作于天宝元年（742），王昌龄当时为江宁丞。辛渐是王昌龄的朋友，这次拟由润州渡江，取道扬州，北上洛阳。王昌龄可能陪他从江宁到润州，然后在此分手。

作意

诗的构思新颖，淡写朋友的离情别绪，重写自己的高风亮节。首两句写苍茫的江雨和孤峙的楚山，烘托送别时的孤寂之情；后两句自比冰壶，表达自己的开阔胸怀和坚强性格。全诗即景生情，寓情于景，含蓄蕴藉，韵味无穷。

作法

本诗首句写雨夜饯别，二句写清晨相送，“入”字与“送”相呼应。三句是临别致意，“相问”指问自己的近状，而四句出人意料，既不表达相思之情，也不述说客居之孤，偏说自己光明磊落，清廉自守，如片冰之在玉壶，可以告慰亲友，在文字上是奇特的结法，在事实上是提高自己的人格。

诵读方法

寒雨 | 连江 | 夜入吴，平明 | 送客 | 楚山孤。
○● ○○ ●●○△ ○○ ●● ●○○△
洛阳 | 亲友 | 如相问，一片 | 冰心 | 在玉壶。
●○ ○● ○○● ●● ○○ ●●○△

推敲思考

1.《芙蓉楼送辛渐》中的“孤”表达了作者怎样的思想感情？

2. 古来许多诗人品德高洁却郁郁不得志，故而将情感寄托于笔下。和你的家长一起找一找还有哪些表达诗人品性志向的古诗吧，找到后一起读一读，感受一下吧。

（刘凌妍　编）

送　别

唐　王维

下马饮君酒①，问君何所之②？
君言不得意，归卧③南山陲④。

但去莫复问，白云无尽时。

注解

① 饮君酒：劝君喝酒。

② 何所之：去哪里。

③ 归卧：隐居。

④ 南山陲：终南山边。南山即终南山，主峰在陕西西安之南。

意译

请你下马喝一杯美酒，我想问问你要去哪里？

你说官场生活不得志，想要归隐南山的边陲。

你只管去吧，我不再问，白云无穷尽足以自娱。

简介

王维（701—761），字摩诘，汉族，河东蒲州（今山西运城）人，祖籍山西祁县，唐朝诗人，有“诗佛”之称，与孟浩然合称“王孟”。王维精通佛学，受禅宗影响很大。佛教有一部《维摩诘经》，是王维名和字的由来。王维多才多艺，诗书画都很有名，对音乐也很精通。苏轼评价他：“味摩诘之诗，诗中有画；观摩诘之画，画中有诗。”王维是盛唐诗人的代表，今存诗四百余首，重要诗作有《相思》《山居秋暝》等。

《送别》选自《全唐诗》，是王维创作的一首五言古诗。

作意

这是首送友人归隐的诗，采用问答的方式从友人口中说出归隐的原因，也表现了诗人复杂的思想感情。诗人对友人关切爱护，既劝慰友人又对友人的归隐生活流露出羡慕之情，说明诗人对自己的现实也不是很满意。

作法

全诗六句，仅第一句叙事，次句问，三四句答，五六句写感慨，又有寄托，为全诗着眼之处。语句看似平淡无奇，细细读来，却是词浅情深，含着悠然不尽的意味。

王维笔下是一个隐士，有他自己的影子，至于为什么不得意，放在杜甫等人那里一定有许多牢骚，可在这里只是一语带过，更见人物的飘逸性情，对俗世的厌弃以及对隐居生活的向往。

诵读方法

下马｜饮君酒，问君｜何所之？
●●　●○●　●○　○●○△
君言｜不得意，归卧｜南山陲。
○○　●●●　○●　○○○△
但去｜莫复问，白云｜无尽时。
●●　●●●　●○　○●○△

推敲思考

1. 诗中哪句话体现了诗人复杂的情感？

2. 你还阅读过那些诗人的送别诗呢，和父母一起找一找，读一读吧！

（刘凌妍　编）

送　别

唐　王维

山中相送罢，日暮掩[1]柴扉[2]。
春草明年绿，王孙[3]归不归？

注解

① 掩：关闭。

② 柴扉：柴门。

③ 王孙：贵族的子孙，这里指送别的友人。

意译

在山中送走了你以后，夕阳西坠我关闭柴扉。
明年春草再绿的时候，你能不能回这里来呢？

简介

王维（701—761），字摩诘，汉族，河东蒲州（今山西运城）人，祖籍山西祁县，唐朝诗人，有“诗佛”之称，与孟浩然合称“王孟”。王维精通佛学，受禅宗影响很大。佛教有一部《维摩诘经》，是王维名和字的由来。王维多才多艺，诗书画都很有名，对音乐也很精通。苏轼评价他：“味摩诘之诗，诗中有画；观摩诘之画，画中有诗。”王维是盛唐诗人的代表，今存诗四百余首，重要诗作有《相思》《山居秋暝》等。

作意

此诗意在送别友人之后，望其再来。

作法

寻常送别诗，大多是描写临别时候的情景，充分抒写依依不舍之情。此诗却再进一层写，希望别后重聚，所以首句即从“送罢”写起，次句接写送别之后，回家寂寞之情。三句并点送别的时令是今年的春天，因此联想到明年的春天，春草再绿，自有定期。但是此去的王孙明年能否归来，却难一定。一种惜别之情，自在言外。作五绝诗，虽只寥寥二十字。看似容易，其实在这二十字中，立意要不寻常，造语要任自然，前后章法要相连贯，并且还要有一种“余韵”，就是意思不可说尽，字句不求深奥，每个字无论抒情写景，总要个个字站得住，个个字能打动读者的心弦，才是一首好诗。

诵读方法

山中｜相送｜罢，日暮｜掩｜柴扉。
○○ ○● ● ●● ● ○○△
春草｜明年｜绿，王孙｜归｜不归？
○● ○○ ● ○○ ○ ●○△

推敲思考

1. 本诗写了作者怎样的思想感情？

2. 诗人送别友人后，哪个动作看出诗人的寂寞、怅惘之情？请和家长一起讨论。

（沈秀红 编）

渭城曲①

唐 王维

渭城朝雨浥轻尘，客舍青青柳色新。

劝君更尽一杯酒，西出阳关②无故人。

注解

① 一作《送元二使安西》。渭城在今陕西咸阳县东。

② 阳关，古关名，在今甘肃敦煌西南一百三十里，党河之西。

渭城曲

意译

渭城早晨一场春雨沾湿了轻尘，客舍周围青青的柳树格外清新。

请你再干一杯饯别酒吧，出了阳关西路就再也没有老朋友了。

简介

王维（701—761），字摩诘，是一位文艺全才，诗、文、书、画都很著名，又精通音乐，善弹琴与琵琶。他十六七岁时即往长安、洛阳游历，谋取仕进。开元九年（721年）中进士，任太乐丞等官，中年以后，目睹朝政的黑暗腐败，他深深感到过去的开明政治已经消失，于是采取一种半官半隐的生活方式，经营蓝田辋川别墅，修习佛道，这种生活方式使他得以从官场脱身，投入大自然的怀抱，获得了一种平和宁静的心境。他的思想儒、释、道杂糅，表现在人生态度上，就是无可无不可，但求适意。

安史之乱中，王维被捕，被迫出任伪职，战乱平息后下狱。因被俘时曾作《凝碧池》抒发亡国之痛和思念朝廷之情，又因其弟王缙平反有功请求削籍为兄赎罪，得宽宥，降为太子中允，后兼迁中书舍人，终尚书右丞。

作意

这是送别的歌词。此诗描写的是一种最有普遍性的离别，没有特殊的背景，而自有深挚的惜别之情，这就使它适合于绝大多数离筵别席演唱，成为最流行、传唱最久的古曲。此诗后来被编入乐府，广为传诵，成为饯别的名曲，或名《阳关曲》，或名《阳关三叠》。

作法

渭城指送别之地，“朝雨”“柳色”是点时令景物。三四句是写送别，三句是写临别再留，四句是道声珍重之意。送别诗除写景外，总须从情感上立言，方能动人，此诗写朝雨浥尘，客舍柳青，已现一种愁惨景象。不待下文临别赠言，已觉黯然销魂。后文殷殷劝酒，依话别，尤见真挚的友谊。

诵读方法

渭城｜朝雨｜浥轻尘，客舍｜青青｜柳色新。
●○　○●　●○○△　●●　○○　●●○△
劝君｜更尽｜一杯酒，西出｜阳关｜无故人。
●○　●●　●○●　○●　○○　○●○△

推敲思考

1. 诗中写柳色有什么目的？

2. 这是一首送别的名曲，请和家长一起查阅还有哪些送别的诗词。

（陆春雷　编）

黄鹤楼[1]送孟浩然之广陵

唐　李白

故人[2]西辞黄鹤楼，烟花[3]三月下扬州。

孤帆远影碧空尽[4]，唯见[5]长江天际流。

注解

① 黄鹤楼：中国著名的名胜古迹，故址在今湖北武汉市武昌蛇山的黄鹄矶上，属于长江下游地带，传说三国时期的费祎于此乘黄鹤登仙而去，故称黄鹤楼。原楼已毁，现存楼为 1985 年重建。

② 故人：老朋友，这里指孟浩然。他的年龄比李白大，在诗坛上享有盛名。李白对他很敬佩，彼此感情深厚，因此称之为“故人”。

③ 烟花：柳絮如烟、鲜花似锦，形容艳丽的春景。

④ 碧空尽：消失在碧蓝的天际。尽，消失。

⑤ 唯见：只看见。

意译

友人在黄鹤楼向我挥手告别，春光明媚的三月里他要去扬州。

他乘坐的船上的帆影渐渐消失在碧空中，只看见滚滚长江向天边奔流。

简介

李白（701—762），字太白，号青莲居士，有“诗仙”之美誉，与杜甫并称“李杜”。其诗以抒情为主，表现出蔑视权贵的傲岸精神，对人民疾苦表示同情，又善于描绘自然景色，表达对祖国山河的热爱。诗风雄奇豪放，想象丰富，语言流转自然，音律和谐多变，善于从民间文艺和神话传说中吸取营养和素材，构成其特有的瑰玮绚烂的色彩，达到盛唐诗歌艺术的巅峰。存世诗文千余篇，有《李太白集》三十卷。

作意

此诗大意是楼头送别，用景物写出离愁。

作法

行人自长江“东”下，所以首句用——“西”字，二句用——“下”字，并且首句标出送别之地是“黄鹤楼”。二句标出送别之时是“三月”，送往之地是“扬州”，结构即非常紧密。三句始写离情，望断碧山，目送孤帆，行人已去，长江自流。景物可画，别情难道。

诵读方法

故人｜西辞｜黄鹤楼，烟花｜三月｜下扬州。
●○　○○　○●○△　○○　○●　●○○△
孤帆｜远影｜碧空尽，唯见｜长江｜天际流。
○○　●●　●○●　○●　○○　○●○△

推敲思考

1.“故人”是什么意思？“故人”在这里指谁？

2. 这是一首送别诗，但诗中只字未提送别，诗中最能表现诗人对朋友的深情厚谊、依依不舍之情的句子是哪句？

（符忠秀　编）

渡荆门送别

唐　李白

渡远荆门外，来从楚国游。
山随平野尽，江入大荒[①]流。
月下飞天镜，云生结海楼[②]。
仍怜故乡水，万里送行舟。

注解

① 大荒：广阔无际的田野。

② 海楼：海市蜃楼，这里形容江上云霞的美丽景象。

意译

我乘舟渡江来到遥远的荆门外，来到战国时期楚国的境内

渡荆门送别

游览。

高山渐渐隐去平野慢慢舒展开，江水奔腾向前流进广阔的莽原。

波中月影宛如天上飞来的明镜，空中彩云结成绮丽的海市蜃楼。

但我还是更爱故乡的滔滔江水，它奔流不息陪伴着我万里行舟。

简介

李白，字太白，号青莲居士，是屈原之后最具个性、最伟大的浪漫主义诗人，有“诗仙”之美誉，与杜甫并称“李杜”。

其诗以抒情为主。诗风雄奇豪放，想象丰富，语言流转自然，音律和谐多变，善于从民间文艺和神话传说中获取营养和素材，构成其特有的瑰玮绚烂的色彩，达到盛唐诗歌艺术的巅峰。

作意

这首诗是李白青年时期出蜀至荆门时赠别家乡而作，是一首送行诗。

作法

此诗由写远游点题始，继写沿途见闻和观感，后以思念作结。全诗意境高远，风格雄健，形象奇伟，想象瑰丽，以其卓越的绘景取胜，景象雄浑壮阔，表现了作者少年远游、倜傥不群的个性及浓浓的思乡之情。

诵读方法

渡远｜荆门外，来从｜楚国游。
●● ○○● ○○ ●●○△
山随｜平野尽，江入｜大荒流。
○○ ○●● ○● ●○○△
月下｜飞天镜，云生｜结海楼。
●● ○○● ○○ ●●○△
仍怜｜故乡水，万里｜送行舟。
○○ ●○● ●● ●○○△

推敲思考

1. 诗题中的“送别”二字怎么理解？

2.“山随平野尽，江入大荒流”这句运用了什么修辞手法，展现了一幅什么样的景象？

（巫红　沈亚妹　编）

送友人

唐　李白

青山横北郭，白水[1]绕东城。

此地一为别，孤蓬[2]万里征。

浮云游子意，落日故人情。

挥手自兹去，萧萧③班马④鸣。

注解

① 白水：清澈的水。

② 蓬：一种植物，干枯后根株断开，遇风飞旋，也称“飞蓬”。诗人用“孤蓬”喻指远行的朋友。

③ 萧萧：马鸣声。

④ 班马：离群之马。班，别。

意译

青翠的山峦横卧在城墙的北面，波光粼粼的流水围绕着城的东边。

在此地我们相互道别，你就像孤蓬那样随风飘荡，到万里之外远行去了。

浮云像游子一样行踪不定，夕阳徐徐下山，似乎有所留恋。

挥挥手从此分离，友人骑的那匹将要载他远行的马萧萧长鸣，似乎不忍离去。

简介

李白，字太白，号青莲居士，是屈原之后最具个性、最伟大的浪漫主义诗人，有“诗仙”之美誉，与杜甫并称“李杜”。

其诗以抒情为主。诗风雄奇豪放，想象丰富，语言流转自然，音律和谐多变，善于从民间文艺和神话传说中获取营养和素材，构成其特有的瑰玮绚烂的色彩，达到盛唐诗歌艺术的巅峰。

作意

这首送别诗写得新颖别致，不落俗套。诗中青山、流水、红日、白云，相互映衬，色彩璀璨。班马长鸣，形象新鲜活泼，组成了一幅有声有色的画面。自然美与人情美交织在一起，写得有声有色、气韵生动，画面中流动着无限温馨的情意，感人肺腑。

作法

诗一开头便展现了一幅寥廓秀丽的山水画卷，对偶工丽，色彩鲜明。中间两联，直抒离别的深情。尾联的班马，是离别的马。马犹如此，人何以堪！直到友人走远了，马的悲鸣声，似乎仍在空中回荡，长留在诗人心中，也伴送着友人的万里行程。

诵读方法

青山｜横北郭，白水｜绕东城。
○○ ○●● ●● ●○○△

此地｜一为别，孤蓬｜万里征。
●● ●○● ○○ ●●○△
浮云｜游子意，落日｜故人情。
○○ ○●● ●● ●○○△
挥手｜自兹去，萧萧｜班马鸣。
○● ●○● ○○ ○●○△

推敲思考

1. 请你用自己的语言描绘一下“青山横北郭，白水绕东城”的画面？

2. 这首诗表达怎样的思想感情？

（巫红　沈亚妹　编）

送崔九[1]

唐　裴迪

归山深浅去，须尽丘壑[2]美。
莫学武陵人[3]，暂游桃源里。

注解

① 崔九：指崔兴宗。

② 丘壑：指山丘和沟壑，泛指山水幽美的地方。

③ 武陵人：指陶潜《桃花源记》里的武陵渔人。

意译

你这次回到山里以后，不论入山深浅，都要饱览秀丽的山川和幽美的林木。

不要学习那个武陵人，只在桃花源游了几天就匆匆出山。

简介

裴迪，唐代诗人，河东（今山西）人。官蜀州刺史及尚书省郎。其一生以诗文见称，是盛唐著名的山水田园诗人，与大诗人王维、杜甫关系密切。晚年居辋川，与王维的来往更为频繁，故其诗多是与王维的唱和应酬之作。“寒山转苍翠，秋水日潺湲。倚仗柴门外，临风听暮蝉。渡头余落日，墟里上孤烟。复值接舆醉，狂歌五柳前。”这首“诗中有画”的诗就是王维闲居辋川时答赠裴迪的。受王维的影响，裴迪的诗大多为五绝，描写的也常是幽寂的景色，大抵和王维山水诗相近。

作意

送人归山，有劝勉之意，并有莫再出山之意。

作法

此诗主意，全在一个“暂”字。首二句意谓无论入山深浅，总须尽历其丘壑之美。下二句，从“须尽”跌出“暂”字，谓不要学武陵渔人，暂入桃源，即行出山，仍不能饱领丘壑之美。不甘久隐，含意至深，一时不易看出。绝诗结句要含蓄意远，才不致浅薄无味。

诵读方法

归山｜深浅｜去，须尽｜丘壑｜美。
○○　○●　●　○●　○●　●△
莫学｜武陵人，暂游｜桃源里。
●●　●○○　●○　○○●△

推敲思考

1. “归山深浅去，须尽丘壑美”这两句，诗人想告诉友人什么呢?

2. 诗人与友人在逃避生活的同时，心情又是怎样的呢？与家长一起探讨。

（沈秀红　编）

送灵澈①

唐　刘长卿

苍苍②竹林寺③，杳杳④钟声晚。
荷⑤笠带斜阳，青山独归远。

注解

① 灵澈：即灵澈上人，唐代著名僧人，本姓杨，字源澄，会稽（今浙江绍兴）人，后为云门寺僧。上人，对僧人的敬称。

② 苍苍：深青色。

③ 竹林寺：在现在江苏丹徒南。

④ 杳（yǎo）杳：深远的样子。

⑤ 荷（hè）笠：背着斗笠。荷，背着。

意译

天近傍晚，青苍的竹林寺中隐隐传来悠远的钟声。

我目送灵澈上人离去的背影，只见他头戴斗笠，身披斜阳余晖，独自向青山深处去了。

简介

刘长卿（？—约789），唐代诗人，字文房，宣城（今属安徽）人，后迁居洛阳，河间（今属河北）为其郡望。玄宗天宝年间进士，德宗建中年间，官终随州刺史，世称刘随州。刘长卿当时诗名颇大，尤其擅长五律，他曾自称自己的诗为“五言长城”。他的山水诗风格清淡，与王维、孟浩然比较接近。

作意

这首小诗记叙诗人在傍晚送灵澈返竹林寺时的心情。诗的主旨在于寄托诗人不遇而闲适、失意而淡泊的情怀，抒发了诗人对友人离别的伤感与依依不舍之情，表达了对灵澈的深厚情意。

作法

精美如画，是这首诗的明显特点。但这幅画不仅以画面上的山水、人物动人，还以画外的诗人自我形象，令人回味不尽。前二句想望苍苍山林中的灵澈归宿处，远远传来寺院报时的钟响，点明时已黄昏，仿佛催促灵澈归山。诗人以想象之笔，创造了一个清远幽眇的境界。这两句重在写景，景中也寓之以情。后面两句即写灵澈辞别归去情景。灵澈戴着斗笠，披带夕阳余晖，独自向青山走去，越走越远。“青山”照应首句“苍苍竹林寺”，表示寺在山林。“独归远”描写诗人伫立目送，依依不舍。全诗表达了诗人对灵澈的深挚情谊，也表现出灵澈归山的清寂风度。送别多半黯然神伤，这首送别诗却有一种闲淡的意境。

整首诗即景抒情，构思精致，语言精练，朴素秀美，是唐代送别诗的名篇。

诵读方法

苍苍｜竹林寺，杳杳｜钟声晚。
○ ○ ● ○ ● ● ● ○ ○ ●△
荷笠｜带斜阳，青山｜独归远。
● ● ● ○ ○ ○ ○ ● ○ ●△

推敲思考

体会一下“苍苍”“杳杳”妙在何处?

（汪雪芳 编）

边塞风云

逢入京使[1]

唐　岑参

故园[2]东望路漫漫[3]，双袖龙钟[4]泪不干。
马上相逢无纸笔，凭[5]君传语[6]报平安。

注解

① 入京使：进京的使者。

② 故园：指长安和自己在长安的家。

③ 漫漫：形容路途十分遥远。

④ 龙钟：涕泪淋漓的样子。

⑤ 凭：托，烦，请。

⑥ 传语：捎口信。

意译

东望家乡的路程又远又长，热泪沾湿双袖还不断流淌。
在马上与你相遇没有纸笔，请告诉家人说我平安无恙。

简介

岑参（约715—770），唐代边塞诗人，南阳人，太宗时功臣岑文本重孙，后徙居江陵。他早年孤贫，从兄就读，遍览史籍。唐玄宗天宝三载（744）进士，初为率府兵曹参军。后两次从军边塞，先在安西节度使高仙芝幕府掌书记。天宝末年，封常清为安西北庭节度使时，为其幕府判官。代宗时，曾任嘉州（今四川乐山）刺史，世称岑嘉州。大历五年（770）卒于成都。

作意

这是写一个旅客，路上遇到入京使者，托他带一个平安口信到家乡。

作法

首二句是用逆入法。因事实上当然先逢使后望故园而下泪。今先写思乡伤怀，于题是谓逆入，即觉突兀不平凡。三句承上“路”字，写出匆匆情景。四句与前“一片冰心在玉壶”句，又是一种说法，前者是自负语，是积极的，此句是口头语，是消极的。但也是因为匆匆相逢，急不择言，只可说“平安”二字罢了。所以此诗可作两半看，上半叙事是缓慢的，下半却是匆遽的。

诵读方法

故园｜东望｜路漫漫，双袖｜龙钟｜泪不干。
●○　○●　●○○△　○●　○○　●●○△
马上｜相逢｜无纸笔，凭君｜传语｜报平安。
●●　○○　○●●　○○　○●　●○○△

推敲思考

1. 这首诗表达了诗人怎样的情感？

2. “凭君传语报平安” 表达了诗人怎样的心理？

（郑志荣　编）

白雪歌送武判官归京[1]

唐　岑参

北风卷地白草折，胡天八月即飞雪。
忽如一夜春风来，千树万树梨花开。
散入珠帘湿罗幕，狐裘不暖锦衾薄。
将军角弓[2]不得控[3]，都护[4]铁衣[5]冷难着。
瀚海[6]阑干百丈冰，愁云惨淡万里凝。
中军置酒饮归客，胡琴琵琶与羌笛。
纷纷暮雪下辕门[7]，风掣红旗冻不翻。

轮台[8]东门送君去，去时雪满天山[9]路。

山回路转不见君，雪上空留马行处。

注解

① 判官：官职名。唐代节度使等朝廷派出的持节大使，可委任幕僚协助判处公事，称判官，是地方长官的僚属。

② 角弓：两端用兽角装饰的硬弓，一作“雕弓”。

③ 不得控：（天太冷而冻得）拉不开（弓）。控，拉开。

④ 都护：镇守边镇的长官。此为泛指，与上文的“将军”是互文。

⑤ 铁衣：铠甲。

⑥ 瀚海：沙漠。这句说大沙漠里到处都结着很厚的冰。

⑦ 辕门：军营的门。古代军队扎营，用车环围，出入处以两车车辕相向竖立，状如门。这里指帅衙署的外门。

⑧ 轮台：唐轮台在今新疆维吾尔自治区米泉县境内，与汉轮台不是同一地方。

⑨ 天山：一名祁连山，横亘新疆东西，长六千余里。

意译

北风席卷大地吹折白草，仲秋八月胡地已经飘降大雪。

仿佛一夜之间春风吹来，树上有如梨花竞相开放。

雪花飘入帘栊沾湿帐幕，就是穿狐皮袍也不暖和。

将军的角弓冻得拉不开，都护的铠甲冷得难穿上。

无边沙漠结成百丈坚冰，忧愁的阴云凝结在万里长空。

帐中摆酒为回京人送行，助兴的是胡琴琵琶和羌笛。

黄昏时辕门外大雪纷飞，冻硬的红旗风吹也不飘动。

在轮台东门外送你回京，临行时茫茫白雪布满山。

山路曲折不见你的身影，雪地上空留马蹄的印迹。

简介

岑参长于七言歌行，现存诗三百六十首。他对边塞风光、军旅生活以及少数民族的文化风俗有亲切的感受，故其边塞诗尤多佳作，风格与高适相近，后人多并称“岑高”。

作意

此诗描写西域八月飞雪的壮丽景色，抒写塞外送别、雪中送客之情，表现离愁和乡思，却充满奇思异想，并不令人感到伤感。其中“忽如一夜春风来，千树万树梨花开”等诗句已成为千古传诵的名句。

作法

全诗以一天雪景的变化为线索，记叙送别归京友人的过程，共分三个部分。前八句为第一部分，描写早晨起来看到的奇丽雪景和感受到的突如其来的奇寒。中间四句为第二部分，描绘白天雪景的雄伟壮阔和饯别宴会的盛况。最后六句为第三部分，写傍晚送别友人踏上归途。这一部分描写了对友人的惜别之情，也表现了边塞将士的豪迈精神。

诵读方法

北风｜卷地｜白草折，胡天｜八月｜即飞雪。
● ○　● ●　● ● ●△　○ ○　● ●　● ○ ●△
忽如｜一夜｜春风来，千树｜万树｜梨花开。
● ○　● ●　○ ○ ◎△　○ ●　● ●　○ ○ ○△
散入｜珠帘｜湿罗幕，狐裘｜不暖｜锦衾薄。
● ●　○ ○　● ○ ◉△　○ ○　● ●　● ○ ●△
将军｜角弓｜不得控，都护｜铁衣｜冷难着。
● ○　● ○　● ● ●△　○ ●　● ○　● ○ ●△
瀚海｜阑干｜百丈冰，愁云｜惨淡｜万里凝。
● ●　○ ○　● ○ ◎△　○ ○　● ●　● ● ○△
中军｜置酒｜饮归客，胡琴｜琵琶｜与羌笛。
○ ○　● ●　● ○ ◉△　○ ○　○ ○　● ○ ●△
纷纷｜暮雪｜下辕门，风掣｜红旗｜冻不翻。
○ ○　● ●　● ○ ◎△　○ ●　○ ○　● ● ○△
轮台｜东门｜送君去，去时｜雪满｜天山路。
○ ○　○ ○　● ○ ◉△　● ○　● ●　○ ○ ◎△
山回｜路转｜不见君，雪上｜空留｜马行处。
○ ○　● ●　● ● ○△　● ●　○ ○　● ○ ●△

推敲思考

1. 本诗以“雪”为线索，“雪”共出现四次，依次组成四个画面，请用简明的语言概括四幅画面的内容。

2.“忽如一夜春风来，千树万树梨花开”中“忽”字好在哪里？整句有什么妙处？

（巫红　沈亚妹　编）

凉州词

唐　王翰

葡萄美酒夜光杯①，欲饮琵琶马上催②。

醉卧沙场③君④莫笑，古来征战几人回？

注解

① 夜光杯：用白玉制成的酒杯，光可照明，据《海内十洲记》所载，为周穆王时西胡所献之宝。这里指华贵而精美的酒杯。

② 催：催人出征，也有人解作鸣奏助兴。

③ 沙场：平坦空旷的沙地，古时多指战场。

④ 君：你。

意译

美酒倒满了华贵的酒杯，当将士们正要畅饮的时候，马上的琵琶突然不停地响起，在催促他们快点上前线作战。

如果在战场上醉倒了请你不要笑，因为从古到今，前往战场的人又有几个能平安归来？

简介

王翰，唐朝诗人，字子羽，并州晋阳（今山西太原）人。

睿宗景云元年（710）进士，官秘书正字，后贬仙州别驾，又贬道州司马，卒于任上。性豪放，喜游乐饮酒，能写歌词，并自歌自舞。其诗题材大多吟咏沙场少年、玲珑女子以及欢歌饮宴等，表达对人生短暂的感叹和及时行乐的旷达情怀。《全唐诗》存其诗一卷，共十四首，其中《凉州词》为人传诵。

作意

此亦系与《塞上》或《塞下曲》相同，是咏边塞情景。凉州近西域，亦系边塞，意在及时行乐，为将士解嘲。

作法

此诗妙处，全在顿挫得法。首句从酒说起，二句“欲饮”一顿，在句法为上二下五。三句催自催，饮自饮，“醉卧沙场”又一顿，“君莫笑”用力一挫。四句再来一挫，跌出正意，是说战争之时，不知命在何日，有几人能够安然回乡。故作旷达的话，尤见其内心的悲愤。其声促，其意苦，也是一首反战的诗。

诵读方法

葡萄｜美酒｜夜光杯，欲饮｜琵琶｜马上催。
○ ○　● ●　● ○ ○△　● ●　○ ○　● ● ○△
醉卧｜沙场｜君莫笑，古来｜征战｜几人回？
● ●　○ ○　○ ● ●　● ○　○ ●　● ○ ○△

推敲思考

1.“饮”是饮什么？有哪些作用？

2.诗中的“醉”字富有表现力，请作简要赏析。

（符忠秀　编）

塞下曲四首

唐　卢纶

鹫[①]翎[②]金仆姑[③]，燕尾[④]绣蝥弧[⑤]。
独立扬新令，千营共一呼。

林暗草惊风，将军夜引弓。
平明寻白羽[⑥]，没在石棱中[⑦]。

月黑雁飞高，单于夜遁逃。
欲将轻骑逐，大雪满弓刀。

野幕[⑧]敞琼筵[⑨]，羌戎[⑩]贺劳旋[⑪]。
醉和金甲舞，雷鼓[⑫]动山川。

注解

① 鹫（jiù）：鹰雕之类。

② 翎（líng）：鸟羽，可制箭羽。

③ 金仆姑：箭的名称。

④ 燕尾：旗上的飘带。

⑤ 蝥（máo）弧：旗的名称。

⑥ 白羽：就是箭，箭尾有羽，借以射远。

⑦ 没在石棱中：《汉书·李广传》："广居右北平，出猎见草中石，以为虎，射之，中石没羽。"意思是用力过猛，连箭尾也射没入石中。

⑧ 幕：军队中的营帐。

⑨ 琼筵：珍贵的筵席。

⑩ 羌戎：泛指我国古代西北部的少数民族。

⑪ 劳旋：庆贺得胜而回。劳，慰劳。旋，凯旋。

⑫ 雷鼓：如雷的鼓声。

意译

将军佩带着用鹫鸟的羽毛做成的箭，刺绣的旌旗上的飘带迎风飘动。

他屹立着宣布新的命令，千营的将士一齐回应。

昏暗的树林中，草突然被风吹得摇摆不定，飒飒作响，将军以为野兽来了，连忙开弓射箭。

天亮去寻找那只箭，发现它已经深深地陷入石棱中。

没有月光的晚上，鸿雁受到惊吓纷纷飞往高高的天空，原来是单于趁着黑夜，带着他的部众逃走了。

英勇的将军打算率领行动敏捷的骑兵追击，这时候大雪纷然落下，弓箭和佩刀上都堆满了雪花。

在野外营地摆开盛大的庆功筵，羌戎也来庆贺战士的凯旋。

众人带着醉意，穿着金甲跳起了舞蹈，如雷的鼓声震撼着山川。

简介

卢纶（约737—约799），字允言，唐代诗人，大历十才子之一，河中蒲（今山西省永济县）人。天宝末举进士，遇乱不第；代宗朝又应举，屡试不第。大历年间，由宰相元载举荐，授阌乡尉；后由王缙荐为集贤学士，秘书省校书郎，升监察御史。后元载、王缙获罪，遭到牵连，出为陕府户曹、河南密县令。德宗朝复为昭应令，又任河中浑瑊元帅府判官，官至检校户部郎中。

卢纶的诗，以五七言近体为主，多唱和赠答之作。但他在从军生活中所写的诗，如《塞下曲》等，风格雄浑，情调慷慨，历来为人传诵。

作意

唐人作《塞下曲》《塞上曲》的很多，大都是泛咏边塞的景物，守边之艰苦。这四首也是如此。

作法

第一首第一句是写将军所佩的箭。二句是写将军的帅旗。三句是写将军的发号施令。四句是写军营中的声势。此诗是写动员出发时一种雄壮的声势。首次两句相对，写得如见其人，末二句写得如闻其声。

第二首是写将军夜出行猎或夜出巡边的情形。即用李广的现成典故，见得将军的勇武。

第三首是写将军雪夜破敌的情景。“月夜”与“夜”及“大雪”相联，“遁逃”与“逐”相联，用字恰如其分。

第四首是写将军凯旋受贺的情事。不说“将军”贺劳旋，偏说“羌戎”，是深一层说法。可见将军非但勇能却敌，并且德能感人，就是羌戎异族，也来庆贺凯旋。三句是写将军之乐。四句以“山川”映“野”字，写出一种热闹的情事。这四首诗描摹塞下军营中的情事，写得有声有色，使人奋发，可作军歌唱。

诵读方法

鹫翎｜金仆姑，燕尾｜绣蝥弧。
●○　○●○△　●●　●○○△
独立｜扬新令，千营｜共一呼。
●●　○○●　○○　●●○△

林暗｜草惊风，将军｜夜引弓。
○●　●○○△　○○　●●○△
平明｜寻白羽，没在｜石棱中。
○○　○●●　●●　●○○△

月黑｜雁｜飞高，单于｜夜｜遁逃。
●●　●　○○△　○○　●　●○△
欲将｜轻骑逐，大雪｜满弓刀。
●○　○●●　●●　●○○△

野幕｜敞琼筵，羌戎｜贺劳旋。
●●　●○○△　○○　●●○△
醉和｜金甲舞，雷鼓｜动山川。
●○　○●●　○●　●○○△

推敲思考

1. 想一想为什么第三首全诗没有写冒雪追敌的过程，也没有直接写激烈的战斗场面，却能留给人们非常丰富的想象?

2. 第二首将军射老虎，为什么不当时就看结果，还要等第二天早晨?

（钱彩萍　编）

凉州词

唐　王之涣

黄河远上白云间，一片孤城万仞①山。

羌笛②何须怨杨柳③，春风不度玉门关④。

注解

① 万仞：一仞八尺，万仞是形容山很高的意思。

② 羌笛：西域羌人所制的一种管乐器，有二孔。

③ 杨柳：指《折杨柳》曲，是一种哀怨的曲调。

④ 玉门关：关名，在今甘肃省敦煌市西北，是古代通向西域的要道。

意译

黄河发源于黄土高原，好像从白云之间而来；矗立漠北的一座孤城，背倚万仞高山。

莫须埋怨，羌笛吹奏《折杨柳》的悲调曲。谁还不知道，春风历来就吹不到玉门关。

简介

此诗写玉门关外荒寒苍凉的景色和征人久戍不归的哀怨。在当时已脍炙人口，后人更推为唐人七绝的压卷之作。

作意

诗中的“春风”，暗指朝廷的重视和恩惠。该作品的主要思想是借题发挥，言外之意是：这座小小的孤城（凉州城）内的官员，都得不到朝廷的恩惠，守卫玉门关的将士们，更别想了。体现了作者忧国、无奈的思想。

作法

这首诗旨在写凉州险僻，守边艰苦。诗的首句，写汹涌澎湃的黄河，仿佛发源于云端，突出其源远流长，展示边地广漠壮阔的风光。次句写凉州城的戍边堡垒，地处险要，境界孤危。“一片”是唐诗常用词，通常与“孤”相连用（如“一片孤云”“孤帆一片”等），这里即“一座”的意思。三句递转，写所闻。羌笛奏着《折杨柳》的曲调，勾起征夫离愁。唐时有折柳赠别的风俗，因而见杨柳而生愁，甚至听《折杨柳》而生怨。关外春风不度，杨柳不青，无法折柳寄情，听曲更生怨恨：天寒地冻，征战无期，归家无望。然而，怨也罢，愁也罢，都是枉然，因而作“何须怨”这种宽解语，着实委婉，深沉含蓄，耐人寻味，不愧为边塞诗的绝唱。

诵读方法

黄河远上｜白云间，一片孤城｜万仞山。
○○●● ●○○△ ●●○○ ●●○△
羌笛｜何须｜怨杨柳，春风｜不度｜玉门关。
○● ○○ ●○● ○○ ●● ●○○△

推敲思考

1. 目之所及，塞外风光，你从哪些景物中有所感受？试着说一说。

2. 有哪些意象往往寄托了思乡之意？

（周颖 编）

关山月

唐 李白

明月出天山①，苍茫云海间。
长风几万里，吹度玉门关②。
汉下白登③道，胡窥青海湾。
由来征战地，不见有人还。
戍客望边色，思归多苦颜。
高楼当此夜，叹息未应闲。

注解

① 天山：祁连山，从前匈奴人叫“天”为“祁连”，主峰在今甘肃张掖西南。

关山月

② 玉门关：在今甘肃敦煌西北。

③ 白登：山名，在山西大同东。匈奴冒顿（mò dú）曾经在这里围困汉高祖长达七日之久。

意译

皎洁的月亮从祁连山升起，轻轻穿行在迷茫的云海里。

长风掀起尘沙席卷几万里，一直吹到了边塞的玉门关。

白登道那里汉军旌旗林立，青海湾却是胡人窥视之地。

自古来这征战厮杀的场所，从来不见有生还的参战者。

守卫的征夫面对边地景象，个个都愁眉苦脸思归故里。

今夜高楼上思夫的妻子们，又该是当窗不眠叹息不已。

简介

《关山月》是唐代伟大诗人李白借乐府旧题创作的一首五言古诗。此诗写远离家乡的戍边将士与家中妻室的相互思念之情，深刻地反映了战争带给广大民众的痛苦。

作意

此诗也含有非战的意义。是看到关山的月，想到古今边塞战争的地方，不见有几人能够生还。

作法

全诗分为三层，开头四句，主要写关、山、月三种因素在内的辽阔的边塞图景，从而表现出征人怀乡的情绪；中间四句，具体写到战争的景象，战场悲惨残酷；后四句写征人望边地而思念家乡，进而推想妻子在月夜高楼叹息不止。此诗如同一幅由关山明月、沙场哀怨、戍客思归三部分组成的边塞图长卷，以怨情贯穿全诗，色调统一，浑然一体，气象雄浑，风格自然。

诵读方法

明月｜出天山，苍茫｜云海间。
○ ● ● ○ ○△ ○ ○ ○ ● ○△
长风｜几万里，吹度｜玉门关。
○ ○ ● ● ● ○ ● ● ○ ○△
汉下｜白登道，胡窥｜青海湾。
● ● ● ○ ● ○ ○ ○ ● ○△
由来｜征战地，不见｜有人还。
○ ○ ○ ● ● ● ● ● ○ ○△
戍客｜望边色，思归｜多苦颜。
● ● ● ○ ● ○ ○ ○ ● ○△
高楼｜当此夜，叹息｜未应闲。
○ ○ ○ ● ● ● ● ● ○ ○△

推敲思考

1. 读这首诗，你对诗中哪句感受深刻？说说你的感受。

2. 你还知道哪些边塞诗？请举一例。

（周颖　编）

夜上受降城[①]闻笛

唐　李益

回乐峰[②]前沙似雪，受降城外月如霜。

不知何处吹芦管[③]，一夜征人[④]尽[⑤]望乡。

注解

① 受降（xiáng）城：城名，筑以接受敌人投降。唐代有三座，这里指灵州（今宁夏灵武县）。

② 回乐峰：唐代有回乐县，灵州治所。回乐峰即当地山峰。一作“回乐烽”，指回乐县附近的烽火台。

③ 芦管：即胡笳，胡人卷芦叶而吹。

④ 征人：戍边的将士。

⑤ 尽：全。

意译

回乐峰前的沙地白得像雪，灵州城外的月色有如秋霜。

不知何处吹起凄凉的芦管，一夜间征人个个眺望故乡。

简介

李益（748—829），唐代诗人，字君虞，陇西姑藏（今甘肃武威）人。因仕途失意，客游燕赵，任幽州节度使刘济从事。贞元十六年（800）南游扬州等地，写了一些描绘江南风光的优美诗篇。元和后入朝，历任秘书少监、集贤学士、右散骑常侍，大和元年（827）以礼部尚书致仕。自编从军诗五十首，今存《李益集》两卷。

作意

这是一首抒写戍边将士乡情的诗作，从多角度描绘了戍边将士（包括吹笛人）浓烈的乡思和满心的哀愁之情。

作法

诗歌的前两句写景，景中寓情，蓄而未发；后两句正面写情。在万籁俱寂中，夜风送来呜呜咽咽的芦笛声。这笛声使诗人想到：是哪座烽火台上的戍卒在借芦笛声倾诉那无尽的边愁？前三句都是为末句直接抒情作烘托、铺垫。开头由视觉形象引动绵绵乡情，进而由听觉形象把乡思的暗流引向滔滔的感情的洪波。

这首诗语言优美，节奏平缓，寓情于景，以景写情，写出了征人眼前之景和心中之情，感人肺腑。诗意婉曲深远，让人回味无穷。

诵读方法

回乐 | 峰前 | 沙似雪，受降 | 城外 | 月如霜。
○● ○○ ○●● ●○ ○● ●○○△

不知｜何处｜吹芦管，一夜｜征人｜尽望乡。
●○　○●　○○●　●●　○○　●●○△

推敲思考

1. 前两句景色描写渲染了诗人怎样的心境？

2. 你还能想到哪些边塞诗歌？

（关文静　编）

出　塞

唐　王昌龄

秦时明月汉时关，万里长征人未还。

但使龙城①飞将②在，不教胡马度阴山。

注解

① 龙城：地名，匈奴祭天处，在今蒙古国境内。《汉书·匈奴传》："五月，大会龙城。"

② 飞将：李广居右北平，匈奴号为汉之飞将军。

意译

依然是秦汉时的明月和边关，万里出征的将士还不见回来。

只要有像李广那样的名将镇守边防，绝不会让匈奴的铁骑越过阴山。

简介

王昌龄擅长七言绝句，被后世称为“七绝圣手”。他的边塞诗或抒发建功立业的雄心壮志，充满了杀敌卫国的热情；或描写长期征战怀乡思亲的边愁，流露出对统治阶级的不满。一部分描写妇女生活的诗也很有名。他的诗意境开阔，精神昂扬，语言流畅，言简意深，当时就有“诗家夫子王江宁”之称。著有《王昌龄集》。

作意

此诗大意是讥讽边将不得其人，故壮丁常长征不还，胡马亦时度阴山。

作法

首句是说此地在汉是关塞，明月犹是秦时，时代虽变，形势亦非从前可比，有今不如古之叹。二句指军事未息。三句转入希望，希望有李广那样的飞将军，来抵御外敌，不使胡马偷度阴山。“但使……不教”是一种因果句式，但其关键在两动词“在”“度”用得好。此诗主意虽在责备边将，但其实仍着眼在征人未还，代为抱怨，故边塞诗大多是一种非战诗。

诵读方法

秦时｜明月｜汉时关，万里｜长征｜人未还。
○○　○●　●○○△　●●　○○　○●○△
但使｜龙城｜飞将在，不教｜胡马｜度阴山。
●●　○○　○●●　●○　○●　●○○△

推敲思考

1. 在“明月”和“关”前面加上“秦时”和“汉时”这两个时间词，说明了什么？

2.“龙城飞将”指的是谁？请和家长一起查阅资料了解典故。

（陆春雷　编）

古今兴亡

登金陵凤凰台

唐　李白

凤凰台上凤凰游，凤去台空江自流。
吴宫①花草埋幽径，晋代②衣冠③成古丘④。
三山⑤半落青天外，二水⑥中分白鹭洲⑦。
总为浮云能蔽日⑧，长安不见使人愁。

注解

① 吴宫：三国时孙吴曾于金陵建都筑宫。

② 晋代：指东晋，南渡后也建都于金陵。

③ 衣冠：指的是东晋文学家郭璞的衣冠冢。

④ 成古丘：晋明帝当年为郭璞修建的衣冠冢豪华一时，然而到了唐朝，诗人来看的时候，已经成为一个山丘了。

⑤ 三山：山名。据《景定建康志》载："其山积石森郁，滨于大江，三峰并列，南北相连，号三山。"

⑥ 二水：一作"一水"。指秦淮河流经南京后，西入长江，被

登金陵凤凰台

横截其间的白鹭洲分为二支。

⑦ 白鹭洲：古代长江中的沙洲，洲上多集白鹭，故名。今已与陆地相连，位于今南京市江东门外。

⑧ 浮云能蔽日：比喻谗臣当道障蔽贤良。浮云，比喻奸邪小人。陆贾《新语·慎微篇》："邪臣之蔽贤，犹浮云之障日月也。"日，一语双关，因为古代把太阳看作帝王的象征。

意译

凤凰台上曾经有凤凰来悠游，凤去台空只有江水依旧东流。

吴宫的花草埋没了荒凉小径，晋代多少王族已成荒冢古丘。

三山隐现云雾中如落青天外，江水被白鹭洲分成两条支流。

总有奸臣当道犹如浮云遮日，望不见长安真令人心中忧愁。

简介

李白，字太白，号青莲居士，是屈原之后最具个性特色、最伟大的浪漫主义诗人。有"诗仙"之美誉，与杜甫并称"李杜"。

其诗以抒情为主。诗风雄奇豪放，想象丰富，语言流转自然，音律和谐多变，善于从民间文艺和神话传说中吸取营养和素材，构成其特有的瑰玮绚烂的色彩，达到盛唐诗歌艺术的巅峰。

作意

诗以寓目山河为线索，于是追求情随景生、意象谐成也就显得特别重要。“凤凰”的高飞与“凤凰台”的“空”，洁净、疏朗，与诗人潇洒的气质和略带感伤的情怀相一致。另外，整首“登临”的内在精神，与“埋幽径”“成古丘”的冷落清凉，与“三山”“二水”的自然境界，与忧谗畏讥的“浮云”惆怅和不见“长安”的无奈凄凉，都被恰切的语词链条紧紧地勾连在一起，从而当得起“古今题咏，惟谪仙为绝唱”的赞誉。

作法

《登金陵凤凰台》是唐代的律诗中脍炙人口的杰作。开头两句写凤凰台的传说，十四字中连用了三个凤字，却不觉得重复，音节流转明快，极其优美。三四句就“凤去台空”这一层意思进一步发挥。诗人感慨万分地说，吴国昔日繁华的宫廷已经荒芜，东晋的一代风流人物也早已进入坟墓。那一时的烜赫，在历史上也没有留下什么有价值的东西。

“三山半落青天外，二水中分白鹭洲。”这两句诗气象壮丽，对仗工整，是难得的佳句。李白毕竟是关心现实的，他想看得更远些，从六朝的帝都金陵看到唐的都城长安。但是，“总为浮云能蔽日，长安不见使人愁”。这两句诗寄寓着深意。李白这两句诗暗示皇帝被奸佞包围，而自己报国无门，他的心情是十分沉痛的。“不见长安”暗点诗题的“登”字，触景生愁，意寓言外，饶有余味。

作为登临吊古之作，李诗更有自己的特点，它写出了自己独特的感受，把历史的典故，眼前的景物和诗人自己的感受，交织在一起，抒发了忧国伤时的怀抱，意旨尤为深远。

诵读方法

凤凰台上｜凤凰游，凤去｜台空｜江自流。

●○○● ●○○△ ●● ○○ ○●○△

吴宫｜花草｜埋幽径，晋代｜衣冠｜成古丘。

○○ ○● ○○● ●● ○○ ○●○△

三山｜半落｜青天外，二水｜中分｜白鹭洲。

○○ ●● ○○● ●● ○○ ●●○△

总为｜浮云｜能蔽日，长安｜不见｜使人愁。

●● ○○ ○●● ○○ ●● ●○○△

推敲思考

1. 分别概括这首诗颔联和颈联的内容，并说说其中寄寓了诗人什么样的感慨。

2.“总为浮云能蔽日”一句用了何种修辞手法？尾联表达了诗人什么样的思想感情？

（巫红　沈亚妹　编）

蜀相

唐　杜甫

丞相祠堂何处寻，锦官城①外柏森森②。
映阶碧草自春色，隔叶黄鹂空好音。
三顾频烦天下计③，两朝开济④老臣心。
出师未捷身先死，长使英雄泪满襟⑤。

注解

① 锦官城：成都的别名。

② 柏（bǎi）森森：柏树茂盛繁密的样子。

③ 三顾频烦天下计：意思是刘备为统一天下而三顾茅庐，问计于诸葛亮。这是在赞美在对策中所表现的天才预见。频烦，犹“频繁”，多次。

④ 两朝开济：指诸葛亮辅助刘备开创帝业，后又辅佐刘禅。两朝，刘备、刘禅父子两朝。开，开创。济，扶助。

⑤ 出师未捷身先死，长使英雄泪满襟：指诸葛亮多次出师伐魏，未能取胜，至蜀建兴十二年（234）卒于五丈原（今陕西岐山东南）军中。

意译

去哪里寻找武侯诸葛亮的祠堂？在成都城外那柏树茂密的

地方。

碧草照映着台阶自当显露春色，树上的黄鹂隔枝空对婉转鸣唱。

为定天下先主曾三顾茅庐拜访，辅佐两朝开国与继业忠诚满腔。

可惜出师伐魏未捷而病亡军中，常使历代英雄们对此涕泪满裳！

简介

杜甫（712—770），字子美，自号少陵野老，世称杜工部、杜少陵等，河南府巩县（今河南省巩义市）人，唐代伟大的现实主义诗人，杜甫被世人尊为“诗圣”，与李白合称“李杜”，其诗被称为“诗史”。他忧国忧民，人格高尚，他的约一千四百首诗被保留了下来，诗艺精湛，在中国古典诗歌中备受推崇，影响深远。

作意

这是游览兼咏史的诗，直书丞相，有尊蜀为正统之意。出师未捷，又有才困时艰之感。

作法

这首诗分两部分，前四句凭吊丞相祠堂，从景物描写中感怀现实，透露出诗人忧国忧民之心；后四句咏叹丞相才德，从历史追忆中缅怀先贤，又蕴含着诗人对祖国命运的许多期盼与憧憬。全诗蕴藉深厚，寄托遥深，造成深沉悲凉的意境。概言之，这首七律话语奇简，但容量颇大，具有高度的概括力，短短五十六字，诉尽诸葛亮生平，将名垂千古的诸葛亮形象展现在读者面前。后代的爱国志士及普通读者吟诵这首诗时，对诸葛亮的崇敬之情油然而生。特别是一读到“出师未捷身先死，长使英雄泪满襟”二句时，不禁潸然泪下。

诵读方法

丞相祠堂｜何处寻，锦官城外｜柏森森。
○ ● ○ ○　○ ●○△　● ○ ○ ●　● ○○△
映阶｜碧草｜自春色，隔叶｜黄鹂｜空好音。
● ○　● ●　● ○ ●　● ●　○ ○　○ ●○△
三顾｜频烦｜天下计，两朝｜开济｜老臣心。
○ ●　○ ○　○ ● ●　● ○　○ ●　● ○○△
出师｜未捷｜身先死，长使｜英雄｜泪满襟。
● ○　● ●　○ ○ ●　○ ●　○ ○　● ●○△

推敲思考

1. 简要赏析“三顾频烦天下计，两朝开济老臣心”。

2.“出师未捷身先死，长使英雄泪满襟”流露了作者怎样的情感。

（巫红　沈亚妹　编）

八阵图①

唐　杜甫

功盖②三分国③，名成八阵图。

江流石不转④，遗恨失吞吴⑤。

注解

① 八阵图：由八种阵势组成的图形，用来操练军队或作战。

② 盖：超过。

③ 三分国：指三国时魏、蜀、吴三国。

④ 石不转：指涨水时，八阵图的石块仍然不动。

⑤ 失吞吴：是吞吴失策的意思。

意译

三国鼎立你建立了盖世功绩，创八阵图你成就了永久声名。

江水东流推不转你布阵之石，千古遗恨你灭吴失策功未就。

简介

杜甫在唐代宗大历元年（766）夏迁居夔州，夔州有武侯庙，江边有八阵图，传说为三国时诸葛亮在夔州江滩所设。向来景仰诸葛亮的杜甫用了许多笔墨记咏古迹，抒发情怀。《八阵图》便是其中一首。

作意

八阵图，指由天、地、风、云、龙、虎、鸟、蛇八种阵势所组成的军事操练和作战的阵图，是诸葛亮的一项创造，反映了他卓越的军事才能。

作法

头两句诗在写法上用的是对仗句，“三分国”对“八阵图”，以全局性的业绩对军事上的贡献，显得精巧工整，自然妥帖。在结构上，前句劈头提起，开门见山；后句点出诗题，进一步赞颂功绩，同时又为下面凭吊遗迹作了铺垫。

这首怀古绝句，具有融议论入诗的特点。但这种议论并不空洞抽象，而是生动形象，抒情色彩浓郁。诗人把怀古和述怀融为一体，浑然不分，给人一种此恨绵绵、余意不尽的感觉。

诵读方法

功盖｜三分国，名成｜八阵图。
○ ●　○ ○ ●　○ ○　● ● ○△
江流｜石｜不转，遗恨｜失｜吞吴。
○ ○　●　● ●　○ ●　●　○ ○△

推敲思考

1.“功盖三分国，名成八阵图”所说的是何人？

2. 请和家长一起查阅资料了解诸葛亮的典故。

（杨文　编）

春　望

唐　杜甫

国破山河在，城春草木深。
感时花溅泪，恨别鸟惊心。
烽火连三月，家书抵万金。
白头搔更短，浑欲不胜簪①。

注解

① 白头搔更短，浑欲不胜簪：白发因搔爬而更短，竟致不能簪梳。

意译

故国沦亡，空留下山河依旧；春天来临，长安城中草木深深。

感叹时局，看到花开也不由得流下眼泪；怨恨别离，听到鸟鸣也禁不住心中惊悸。

战火连绵，如今已是暮春三月；家书珍贵，足抵得上万两黄金。

痛苦中我的白发越搔越短，简直要插不上头簪。

简介

《春望》选自《杜诗详注》。

作意

此诗系作于至德二载三月陷于贼营的时候，为扰乱伤春而作。

作法

司马温公说：“古人为诗，贵乎意在言外，使人思而得之。”“国破山河在”，明无余物矣；“城春草木深”，明无人迹矣。花鸟平时可娱之物，见之而悲，则时可知矣。所谓意在言外者，换言之，就是作诗不可太露，要含蓄蕴藏，或寓意于物，或寓情于景，是读者自己细心领悟。本诗写意，不能说为十分含蓄，就因开口即说“国破”，又说“感时”和“烽火”，使人伤感，已在其中。颔联以“感时”承“春”，以“恨别”承“国破”。颈联则又以“烽火”承“时”，以“家书”承“别”，如此连环承转，即觉愈可惊心溅泪了。再有“花溅泪”“鸟惊心”两句，其中均省去一动词，意当为“看花溅泪”“闻鸟惊心”，始可解释。末联极写忧伤，想见诗人当时焦急万分的情状。

诵读方法

国破｜山河在，城春｜草木深。
●●　○○●　○○　●●○△
感时｜花溅泪，恨别｜鸟惊心。
●○　○●●　●●　●○○△
烽火｜连三月，家书｜抵万金。
○●　○○●　○○　●●○△

白头｜搔更短，浑欲｜不胜簪。
● ○ ○ ● ● ○ ● ● ○ ○△

推敲思考

1. 诗的前四句都统领在一个“________”字中，诗人视野由远及近，由大到小，由________到________。

2. 请展开想象，描述“白头搔更短，浑欲不胜簪”所展现的画面，并揭示诗句的含义。

（陈方　编）

江南逢李龟年①

唐　杜甫

岐王②宅里寻常③见，崔九④堂前几度闻。
正是江南⑤好风景，落花时节⑥又逢君⑦。

注解

① 李龟年：唐朝开元、天宝年间的著名乐师，擅长唱歌。因为受到皇帝唐玄宗的宠幸而红极一时。“安史之乱”后，李龟年流落江南，卖艺为生。

② 岐王：唐玄宗李隆基的弟弟，名叫李范，以好学爱才著称，

雅善音律。

③ 寻常：经常。

④ 崔九：崔涤，在兄弟中排行第九，中书令崔湜的弟弟。玄宗时，曾任殿中监，出入禁中，得玄宗宠幸。崔姓是当时一家大姓，以此表明李龟年原来受赏识。

⑤ 江南：这里指今湖南省一带。

⑥ 落花时节：暮春，通常指农历三月。落花的寓意很多，人的衰老飘零、社会的凋敝丧乱都在其中。

⑦ 君：指李龟年。

意译

当年在岐王宅里，常常见到你的演出；在崔九堂前，也曾多次欣赏你的艺术。

没有想到，在这风景一派大好的江南；正是落花时节，能巧遇你这位老相熟。

简介

杜甫（712—770），字子美，自号少陵野老，世称杜工部、杜少陵等，河南府巩县（今河南省巩义市）人，唐代伟大的现实主义诗人，杜甫被世人尊为“诗圣”，与李白合称“李杜”，其诗被称为“诗史”。他忧国忧民，人格高尚，有一千四百余首诗被保留了下来，诗艺精湛，在中国古典诗歌中备受推崇，影响深远。759 年至 766 年间曾居成都，后世有杜甫草堂纪念。

作意

这是少陵见李龟年抚今怀昔的伤感诗，并不是恭维他的歌艺。

作法

写伤感诗，偏不流露出一字半句的伤感，使人读了，也只觉毫无可悲。细加回味，才知是别有所指，元范德机指此诗为“藏咏”，正是卓见。本诗首二句是追忆李龟年出入贵人达官之家，间接是说当时太平之世的承平气象。三句特提江南好风景，大有“风景不殊，河山有异”之叹。四句特标“落花时节”，隐写世乱时艰。用一“又”字，有前后比较之意，又大有“同是天涯沦落人”之感。蘅塘退士评此诗云：“世运之治乱，年华之盛衰，彼此之凄凉流落，俱在其中，少陵七绝，此为压卷。”

诵读方法

岐王宅里｜寻常见，崔九堂前｜几度闻。
○ ○ ● ●　○ ○ ●　○ ● ○ ○　● ● ○△
正是江南｜好风景，落花时节｜又逢君。
● ● ○ ○　● ○ ●　● ○ ○ ●　● ○ ○△

推敲思考

1.“落花时节”有什么特殊含义？

2. 赏析“正是江南好风景，落花时节又逢君”。

（郑志荣　编）

乌衣巷①

唐　刘禹锡

朱雀桥②边野草花，乌衣巷口夕阳斜。

旧时③王谢④堂前燕，飞入寻常⑤百姓家。

注解

① 乌衣巷：在今南京市东南，文德桥南岸，是三国东吴时的禁军驻地。由于当时禁军身着黑色军服，所以此地俗语称乌衣巷。东晋时王导、谢安两大家族，都居住在乌衣巷，人称其子弟为“乌衣郎”。入唐后，乌衣巷沦为废墟。

② 朱雀桥：在金陵城外，横跨秦淮河。

③ 旧时：晋代。

④ 王谢：王导、谢安，晋相，王、谢皆为世家大族，贤才众多，皆居巷中，冠盖簪缨，为六朝（吴、东晋、宋、齐、梁、陈）豪门。至唐时，则皆衰落不知其处。

⑤ 寻常：平常。

意译

朱雀桥边一丛丛野草野花寂静地生长着，乌衣巷在夕阳残照下，已经没有了往昔的高贵与繁华。

当年在王导、谢安的华堂广厦中筑巢的燕子，如今只好飞进寻常百姓家中筑巢了。

简介

刘禹锡（772—842），唐代文学家、哲学家，字梦得，洛阳人，有“诗豪”之称。自称“家本荥上，籍占洛阳”，又自言系出中山，其先为中山靖王刘胜。

贞元九年（793）进士及第，初在淮南节度使杜佑幕府中任记室，为杜佑所器重，后从杜佑入朝，为监察御史。贞元末，与柳宗元、陈谏、韩晔等结交于王叔文，形成了一个以王叔文为首的政治集团。后历任连州刺史、朗州司马、夔州刺史、和州刺史、主客郎中、礼部郎中、苏州刺史等职。会昌时，加检校礼部尚书。卒年七十，赠户部尚书。刘禹锡诗文俱佳，涉猎题材广泛，与柳宗元并称“刘柳”，与白居易合称“刘白”，有《陋室铭》《竹枝词》《杨柳枝词》《乌衣巷》等名篇。哲学著作《天论》三篇，具有唯物主义思想。有《刘梦得文集》。

作意

这是一首抚今吊古的诗，是伤乌衣巷的衰落。

作法

起首两句亦相对，妙在地名凑巧。“野草花”“夕阳斜”是指现在的衰败，这是“抚今”。三句是悬想旧时此地的兴盛，偏借燕子来比较。意谓今日之燕，犹旧时之燕，但旧时王、谢之堂，已换作寻常百姓之家，这是“吊古”。凡是吊古诗，也往往用比较法来作，容易动人。

诵读方法

朱雀桥边｜野草花，乌衣巷口｜夕阳斜。
○●○○　●●○△　○○●●　●○○△
旧时｜王谢｜堂前燕，飞入｜寻常｜百姓家。
●○　○●　○○●　○●　○○　●●○△

推敲思考

1. 本诗是刘禹锡最得意的怀古名篇之一，抒发了诗人怎样的情感？

2. 请和家长一起，想象一下“野草花”“夕阳斜”展现的是一种怎样的景象。

（钱彩萍　编）

泊秦淮[①]

唐　杜牧

烟笼寒水月笼沙，夜泊[②]秦淮近酒家。

商女[③]不知亡国恨，隔江犹唱《后庭花》[④]。

注解

① 秦淮：即秦淮河，发源于江苏句容大茅山与溧水东庐山之间，经南京流入长江。相传为秦始皇南巡会稽时开凿，用来疏通淮水，故称秦淮河。历代均为繁华的游赏之地。

② 泊：停泊。

③ 商女：以卖唱为生的歌女。

④《后庭花》：歌曲《玉树后庭花》的简称。南朝陈皇帝陈叔宝（即陈后主）溺于声色，作此曲与后宫美女寻欢作乐，终致亡国，所以后世把此曲作为亡国之音的代表。

意译

迷离月色和轻烟笼罩寒水和白沙，夜晚船泊在秦淮河岸边靠近酒家。

卖唱的歌女不懂什么叫亡国之恨，隔着江水仍在高唱着《玉树后庭花》。

简介

杜牧（803—852），字牧之，唐代杰出的诗人、散文家，因晚年居长安南樊川别墅，故后世称杜樊川，著有《樊川文集》。

杜牧的诗歌以七言绝句著称，内容以咏史抒怀为主，其诗英发俊爽，多切经世之物，在晚唐成就颇高。杜牧与李商隐并称“小李杜”。

作意

此诗是诗人夜泊秦淮时触景感怀之作，前半段写秦淮夜景，后半段抒发感慨，借陈后主因追求荒淫享乐终至亡国的历史，讽刺那些不从中汲取教训而醉生梦死的晚唐统治者，表现了作者对国家命运的无比关怀和深切忧虑的情怀。

作法

首句完全写景，用叠字，要贴景入神。二句是叙事，“近酒家”开三句“商女”，因酒家多歌女。“亡国恨”又开四句《后庭花》，因《后庭花》曲是亡国之音，如此搭连，即有一气呵成之妙，而感慨亦在其中。“不知”二字并为商女开脱，见得唱者无心听者有意，于此可见诗人的多感。

诵读方法

烟笼寒水｜月笼沙，夜泊秦淮｜近酒家。

○○○● ●○○△ ●●○○ ●●○△

商女｜不知｜亡国恨，隔江｜犹唱｜《后庭花》。
○● ●○ ○●● ●○ ○● ●○○△

推敲思考

1. 诗中描写了哪些景物？

2. “笼”字有何妙用？

3. 讨论真正不知亡国恨的人到底是谁？请查阅资料。

（彭媛顾婧　编）

赤　壁①

唐　杜牧

折戟②沉沙铁未销，自将磨洗认前朝。
东风不与周郎便，铜雀③春深锁二乔。

注解

① 赤壁：在今湖北嘉鱼县东长江南岸。当年曹操渡江攻吴，在赤壁被周瑜打败。这首诗感慨当年获胜是由于正好碰上了一阵东风，否则曹操完全有可能胜利。

② 折戟：折断了的戟，指战争留下来的残旧兵器。

③ 铜雀：台名，在邺城（今河北临漳县），曹操所建的供歌舞

宴游的场所。上有楼，曹操置妻妾于其上。楼顶立有高一丈五尺的铜雀，故名。

意译

折断的战戟沉在泥沙中并未被销蚀，自己将它磨洗后认出是前朝遗物。

倘若当年东风不帮助周瑜的话，那么铜雀台就会深深地锁住东吴二乔了。

简介

本篇是一首咏史之作。诗人借古战场遗物——沉沙的“折戟”——咏叹历史，抒发现实情怀，感慨曹操兵败赤壁实则天不作美。

作意

这是吊古的诗，大意是说周瑜的侥幸成功。

作法

“折戟沉沙铁未销，自将磨洗认前朝。”诗作开篇以一件古战场遗物来兴起对前朝英雄人物和战事结果的慨叹。“东风不与周郎便，铜雀春深锁二乔。”这两句是诗人的议论，也是一种假设，如果天不作美，没有东风相助，那么周瑜就不会战胜曹操，“二乔”就会成为曹操的战利品，深锁铜雀台，供曹操享用。换言之，就是说当时从军事实力方面看，周瑜根本就不是曹操的敌手，之所以胜了曹操，那是因为老天作美，为周瑜提供了风向之便。这是对周瑜的嘲讽，也是借以抒发个人才能得不到施展的感慨。

诵读方法

折戟 | 沉沙 | 铁 | 未销，自将 | 磨洗 | 认 | 前朝。
●● ○○ ● ●○ ●○ ○● ● ○○△

东风 | 不与 | 周郎 | 便，铜雀 | 春深 | 锁 | 二乔。
○○ ●● ○○ ● ○● ○○ ● ●○△

推敲思考

1. 诗人从赤壁古战场的断戟联想到了什么？

2. 对三国时代的人物，你还知道哪些？和家长进行交流。

（俞淑君　编）

推敲思考参考答案

四时节令

寒食

1. 春暖花开，柳条轻拂的春景。

2. 对宦者得宠的不满和讥讽。

落花

1. 本诗写的是暮春时节。

2. 风送落花，漫天飞舞，落到田间小路，落到斜阳将沉的地方。诗人感慨身世，欲展才华，奈何无门，但流年易逝。诗人念此，难怪伤感断肠了。

秋夕

1. 轻罗小扇扑流萤，卧看牵牛织女星。

2. 答案示例：“冷”字渲染了凄凉清冷的气氛；“扑”字写出宫女因难以排遣寂寞而捉流萤的动作，生动逼真；“卧”字形象地写出宫女百无聊赖坐看天河的神态。(言之成理即可。)

山居秋暝

1. 明月、松林、清泉、山石、浣女、渔人。

2. 主要是点出此处的清幽安静，诗人的心境也是宁静的。

九月九日忆山东兄弟

1.“每逢佳节倍思亲”这句话最能体现诗人对家乡的思念之情。作客他乡者的思乡怀亲之情，在平日自然也是存在的，不过不一定是显露的，一旦遇到某种触媒——最常见的是“佳节”——就很容易爆发出来，甚至一发而不可抑止。这就是所谓“每逢佳节倍思亲”。佳节，往往是家人团聚的日子，而且往往和对家乡风物的许多美好记忆联结在一起，故而，也更能激发诗人的思乡之情。

2. 略。

秋夜寄丘员外

1.“山空松子落，幽人应未眠”是作者的想象。作者的思绪飞驰到了远方，推想临平山中今夜的秋色以及对方应也未眠。

2. 略。

登高

1. 诗人仰望茫无边际、萧萧而下的落叶，俯视奔流不息、滚滚而来的江水，描写出了秋天萧瑟悲凉的情景，抒发了诗人韶光易逝、壮志难酬的感怆。

2. 略。

问刘十九

1. 邀请。

2. 略。

江雪

1. 夸张、对偶。

2.“绝”“灭”“孤”“独”表现出孤独、凄凉；“独钓”表现出倔强、执着、孤傲。

山水田园

望岳

1. 一个“割”字写出了高大的泰山将山南山北的阳光切断，形成两种不同的自然景观，突出了泰山遮天蔽日的形象。

2. 不畏浮云遮望眼，自缘身在最高层；登东山而小鲁，登泰山而小天下。

次北固山下

1. 乡书、归雁。诗人见雁思亲，表现了诗人在漂泊羁旅中的淡淡的思乡之情。

2. 略。

滁州西涧

1. 幽草、黄鹂、深树、春潮、雨、小船等。

2. 这种写作手法叫作托物言志。

枫桥夜泊

1. 月落。他目睹月落，说明他没有睡。乌啼。他耳闻乌啼，所以未眠。诗人还看到了霜满天、枫树和渔火，也看出他并没有睡觉。因为未眠，所以他听到了寒山寺的钟声响起。

2. “对”在这里是面对、对着、陪伴的意思，是冷月、悲鸦与寒霜在和诗人作伴，是江枫、渔火和钟声在与诗人作陪。

题破山寺后禅院

1. 分别是“悦”“空”。“悦”是说秀美的山中景色使鸟的性情欢悦。“空”是说潭水清澈，临潭顾影，使人心中的俗念（或杂念）消除净尽。“悦”“空”两字表现了环境的幽静，写出了人的心情与山光水色相应。

2. 略。

过故人庄

1. 鸡黍、场圃、桑麻。

2. 略。

宿建德江

1. 秋江暮色，幽静清远。

2. 日暮乡关何处是？烟波江上使人愁。

鹿柴

1. 通常情况下，山中尽管无人，但不会无声。“但闻”二字将瑟瑟风声、潺潺水声、唧唧虫声、啾啾鸟声统统排除，只听见偶尔传来的几声“人语响”。表面上看，这几声人语响似乎打破了寂静，其实，一阵人语响过以后，空山又回到了万籁俱寂的境界之中。

2. 主要是从音响着眼的：独坐空山密林，终日不见人影，冉冉是无边的寂静，只是偶尔有人从林边走过，那喧响的谈话声才将这寂静打破，然而，在一时的喧响过去之后，林中的寂静就越发深沉。

在这首写景的小诗中，诗人运用自然界喧与静、明与暗相反相成的原理，借人语的喧响和落日的斜晕来衬托鹿柴山林中的静谧幽深，而这幽静的环境气氛，恰好是对于嘈杂纷扰的官场感到厌倦的诗人所渴求、向往的啊！

归嵩山作

1. 颔联里，作者移情于物，把“流水”和“暮禽”都拟人化了，仿佛它们也富有人的感情。

2. 首联、颔联中，“去闲闲”“如有意”“相与还”，体现了作者安详闲适、悠然自得的心情。颈联中，“荒城”“古渡”“落日”“秋山”，构成了一幅萧瑟、荒凉的秋景图，烘托出作者越接近隐居地就越发感到凄清的心境。尾联中，“归来且闭关”，写归隐后的心情，表示要与世隔绝，不再过问世事，最终点明辞官归隐的主旨，这时感情又趋向闲淡平和。

终南别业

“行到水穷处”，让读者体味到了“应尽便须尽”的坦荡；“坐看云起时”，在体味最悠闲、最自在境界的同时，又能领略到妙境无穷的活泼。诗人在一坐、一看之际已经顿悟。再看这流水、白云，已是无所分别，达到了物我一体的境界。从结构看，“行到水穷处，坐看云起时”二句，对偶工稳，一贯而下，从艺术手法上看，此二句俨然是一幅山水画，是“诗中有画”也。

桃花溪

略。

溪居

1. “闲依农圃邻，偶似山林客。晓耕翻露草，夜榜响溪石”，这四句是强调在此生活的闲适之情。闲暇时与种菜的老农为邻，有时还真像是在山林隐居的人。一大早带着露水就去锄草，晚上乘船沿着溪水前进。

“来往不逢人，长歌楚天碧”，有时整日独来独往碰不见一个行人，于是放声高歌，声音久久地回荡在沟谷碧空之中，多么清越空旷。这闲适潇洒的生活，让诗人仿佛对自己的不幸遭贬无所萦怀，心胸旷达开朗。

2. 略。

渔翁

1. 绿，本诗全在一个绿字，胜景在目，奇趣荡胸。

2. 略。

寻隐者不遇

1. 这句话是童子说的。诗人可能问：这位隐士会去哪座山采药？他是在山前，还是山后呢？你能带我去找到他吗？我们可以想象到：郁郁青松，悠悠白云，青翠挺立中隐含无限生机；而后却见茫茫白云，深邃杳霭，捉摸无从，令人起秋水伊人、无处可寻之想。

2. 这首诗的抒情特色是在平淡中见深沉。一般访友，问知他出，也就自然扫兴而返了。但这首诗中，一问之后并不罢休，又继之以二问三问，其言甚繁，而其笔则简，以简笔写繁情，益见其情深与情切。而且这三番答问，逐层深入，表达感情有起有伏。

题金陵渡

1. 不能。“两三星火”点缀在斜月朦胧的夜江之上，显得格外明亮，也格外撩人思绪，这到底是星光，还是渔火，还是灯火？这种缥缈而朦胧的意象与斜月、夜江等明暗相映，融为一体，显得潇洒空灵。如果换成“灯火”或“渔火”，反倒失去了想象的空间。

2. 略。

抒怀言志

回乡偶书

1. 抒发作者久客他乡、满怀老迈衰颓与反主为宾的伤感，同时也写出了久别回乡的亲切感。

2. 略。

月下独酌

1. 如：床前明月光，疑是地上霜。

2. 表达内心的孤独之感。

早发白帝城

1. 因为心中充满了被释放后的喜悦和对大自然的喜爱。

2. 千里江陵一日还、轻舟已过万重山。

将进酒

1. 一，口气甚大，呼儿与尔，指挥倜傥。二，出手甚大，不惜拿出名贵宝物五花马、千金裘换取美酒，以图一醉。三，倒宾为主，本是被友人招饮的落魄之客，此刻忘形，竟高踞一席，颐指气使，甚至提议典裘当马，其形骸之放达，情态之任诞，呼之欲出。

2. 钟鼓馔玉不足贵，但愿长醉不复醒。

行路难

这个句子的含义是乘风破浪，沧海扬帆，给我们展示了一幅动态的、勇往直前的画面。它表现出海阔天空的意境，是作者壮思飞扬的理想境界的描述。现在人们常用这两句诗表达自己有宏大的理想抱负和实现理想抱负的坚定信念。

宣州谢朓楼饯别校书叔云

1. 抽刀断水水更流，举杯消愁愁更愁。作者运用了比喻、夸张，写尽内心源源不断的惆怅。

2. 建安骨：建安风骨，指建安时期以曹操父子和“建安七子”的诗文创作风格为代表的文学风格。作者在此以“建安骨”赞美李云的文章风格刚健。

在狱咏蝉

1. 诗人通过歌咏蝉的高洁品行，抒发了其不与世俗同流合污的情感。

2. 略。

赋得古原草送别

1. 野火烧不尽，春风吹又生。坚持不懈的小草，被火烧掉了，也能重新茁壮成长。

2. 我们人也要像小草一样，只要坚持不懈，就可以创造一个自己的世界。

听弹琴

1. 今天的人们大多已不去弹奏古调了，其实是诗人在感慨知音的稀少。

2. 从诗中“静听”二字来看，《听弹琴》为题目更符合。

黄鹤楼

1. 家乡。

2. 作者抒发了漂泊异地的伤感与思念故乡的情怀。

登鹳鹊楼

1. 这两句诗告诉我们只有站得高才能望得远的人生哲理。

2. 略。

临洞庭上张丞相

“气蒸”句写出洞庭湖丰厚的蓄积，仿佛广大的沼泽地带，都受到湖的滋养哺育，才显得那样草木繁茂，郁郁苍苍。而“波撼”两字放在“岳阳城”上，衬托湖的澎湃动荡，也极为有力。人们眼中的这一座湖滨城，好像瑟缩不安地匍匐在它的脚下，变得异常渺小了。这两句被称为描写洞庭湖的名句。但两句仍有区别：上句用宽广的平面衬托湖的浩阔，下句用窄小的立体来反映湖的声势。诗人笔下的洞庭湖不仅广大，而且还充满活力。

近试上张籍水部

1.“拜”“低声问”等。

2. 采菱女、歌喉。

幽思怀人

夜雨寄北

1. 何当共剪西窗烛，却话巴山夜雨时。

2. 时间：分离的现在和会面的将来。空间：诗人独处的巴山和与亲人团聚的北方（长安）。

无题

1. 母亲。母亲对子女无私的爱，无怨无悔，尽心尽力，只有奉献不求索取。

2.“无力”和“残”紧扣暮春时节的景物特点，渲染离别的气氛。情景交融，使人有凄楚的感觉。

登乐游原

1. 因为傍晚时心情不快，驾着车登上古原。

2. 略。

游子吟

1. 谁言寸草心，报得三春晖？

2. 略。

野望

1. 比喻，以“风尘”喻战争。

2.“三城戍”和“海内风尘”表达忧国之情；“诸弟隔”表达对亲人的

思念之情；“一身遥”表达漂泊孤寂之情；“迟暮”“多病”抒发年老多病伤感之无奈；“未有涓埃答圣朝”表达未能报国之憾。

月夜

在这两联中，“怜”字和“忆”字读来让人意蕴无穷。而这又应该和“今夜”、“独看”联系起来加以吟味。明月当空，夜夜都能看到。特指“今夜”的“独看”，则心目中自然有往日的“同看”和未来的“同看”。“今夜鄜州月，闺中只独看。遥怜小儿女，未解忆长安。”这透露出他和妻子有过“同看”鄜州月而共“忆长安”的往事。如今自己身陷乱军之中，妻子“独看”鄜州之月而“忆长安”，“忆”就不仅充满了辛酸，而且交织着忧虑与惊恐。“遥怜”小儿女们天真幼稚，只能增加她的负担，不能为她分忧。这个“怜”字，也是饱含深情、感人肺腑的。孩子还小，并不懂得想念，但杜甫不能不念。从小孩的“不念”更能体现出大人的“念”之深切。

月夜忆舍弟

题目是“月夜忆舍弟”，作者不从月夜写起，而是首先描绘了一幅边塞秋天的图景：“戍鼓断人行，边秋一雁声。”路断行人，写出所见；戍鼓雁声，写出所闻。耳目所及皆是一片凄凉景象。沉重单调的更鼓和天边孤雁的叫声不仅没有带来一丝活气，反而使本来就荒凉不堪的边塞显得更加冷落沉寂。“断人行”点明社会环境，说明战事仍然频繁、激烈，道路为之阻隔。两句诗渲染了浓重悲凉的气氛，点明“月夜”的背景。

相思

1. 红豆的外形及纹路，皆为“心”字形，大心套小心，心心相印。传说是心有相思之苦的人，落泪树下，难以化解，最终凝结而成。这里的红豆是赤诚友爱的一种象征。“愿君多采撷”似乎是说：“看见红豆，想起我的一切吧。”暗示远方的友人珍重友谊，语言恳挚动人。“此物最相思”是说：“只有这红豆才最惹人喜爱，最叫人忘不了呢。”这是补充解释何以“愿君多采撷”的理由。而读者从话中可以体味到更多的东西。诗人真正不能忘怀的，不言自明。一个“最”字，意味深长，更增加了双关语中的含蕴。

2. 学习了古诗后觉得友情很珍贵。平时和朋友交往时要谦让，要真诚。

静夜思

1. 从举头望着明月引起思乡之情，到低头这一动作描画出诗人处于沉思之中。

2. 例如："霜"字既形容了月光的皎洁，又表达了季节的寒冷，还烘托出诗人漂泊他乡的孤寂凄凉之情。

渡汉江

1. 因为诗人贬居岭外，又长期没有家人的任何音讯，一方面固然日夜都在思念家人，另一方面又时刻担心家人的命运，怕家人由于自己的牵累而遭到不幸。

2. 略。

宫词

1. 表达宫人远离故乡、幽闭深宫的幽怨。

2. 略。

竹里馆

陪伴他的朋友。

杂诗

寒梅着花未。

寄扬州韩绰判官

1. "隐隐"和"迢迢"这一对叠词，一方面刻画出了山清水秀、绰约多姿的江南风貌，另一方面隐约暗示着诗人与友人之间山遥水长的空间距离，那抑扬的声调中仿佛还荡漾着诗人思念江南的似水柔情。

2. 略。

离情别意

送杜少府之任蜀州

1. "海内存知己，天涯若比邻"的意思是四海之内有知心朋友，即使远在天边也好像近在眼前。形容思想感情相通，再远也能感受到亲近。

2. 略。

芙蓉楼送辛渐

1. 寒冷的夜雨，滔滔的江流，一个“孤”字，不仅显示出了朦胧的远山之孤单，更用这种景象衬托出诗人对朋友的依依惜别之情。

2. 略。

送别

1.“但去莫复问，白云无尽时”这句话体现了诗人复杂的情感，既有对友人的安慰，又有自己对隐居的歆羡；既有对人世荣华富贵的否定，又似乎带有一种无可奈何的情绪。联系前面“不得意”三字看来，在这两句诗中，更主要的是对朋友的同情之心，并蕴含着诗人自己对现实的愤激之情，这正是此诗的着意之处和题旨所在。

2. 略。

送别

1. 古代交通不便，离别容易相会难，作者以送别表达深厚的情谊，希望明年能再相见。

2. 从一个“掩柴扉”的举动，使这本来天天重复的行动显示出与往日不同的意味，从而寓别情于行间，见离愁于字里。读者自会从其中看到诗中人的寂寞神态和怅惘心情；同时也会想：继日暮而来的是黑夜，在柴门关闭后又将何以打发这漫漫长夜呢？这句留下的空白，更是使人低回想象于无穷的。

渭城曲

1. 柳象征离别。

2. 略。

黄鹤楼送孟浩然之广陵

1. 老朋友。孟浩然。

2. 孤帆远影碧空尽，唯见长江天际流。

渡荆门送别

1.“送别”是说故乡的水恋恋不舍，满怀深情地一路送诗人远行，从另一角度显现出诗人浓浓的思乡之情。

2. 对偶、拟人。雄伟、壮阔、壮美。

送友人

1. 青翠的山峦横亘在外城的北面，波光粼粼的流水绕城东潺潺而过，描绘了一幅寥廓秀丽的图景，点出送别地点，烘托了作者的送别之情。

2. 李白与友人的依依惜别之情，感情真挚热诚而又豁达乐观。

送崔九

1. 作者生活的时代大约是唐玄宗和唐肃宗时期，这首诗大约作于唐玄宗后期。那个时候由于唐玄宗任用奸相李林甫，宠幸杨贵妃，政治十分黑暗，下层知识分子无法入仕。作者想告诉友人，像他们这样的寒士没有出路。

2. 略。

送灵澈

苍茫的山林、遥远的钟响，创造了一个清远幽眇的境界。

边塞风云

逢入京使

1. 表达了诗人远涉边塞的思乡怀亲之情。

2. 表达了诗人挂念亲人而又无可寄托，担心亲人挂念自己的复杂心理。

白雪歌送武判官归京

1. ①八月飞雪苦寒图　②军营饯别奇寒图　③东门惜别惆怅图　④别后雪地思乡图

2.“忽”字不仅显出边塞气象变幻的神奇，而且传达出诗人赏雪时非常惊喜的心声。以春花喻冬雪，联想奇特美妙，比喻新颖贴切动人。一片银白的世界，在作者眼里，变幻成一片春意盎然，欣欣向荣的明丽春光，给人的感受不是雪后奇寒而是欣喜、暖意和生机，充分展示了作者乐观、开朗的情怀。

凉州词

1. 饮酒，酒可以忘记忧愁烦恼，可以壮胆。

2.“醉”字既照应了出征前饮酒的场面，也写出了出征后将士们瞬间的复杂心情。“醉卧沙场”又是一个多么形象而充满意味的特写镜头。从另一个角度讲，“醉”字就是全诗之眼。

塞下曲四首

1. 诗人不写军队如何出击，也不告诉你追上敌人没有，他只描绘一个准备追击的场面，就把当时的气氛情绪有力地烘托出来了。“欲将轻骑逐，大雪满弓刀”，这并不是战斗的高潮，而是迫近高潮的时刻。这个时刻，犹如箭在弦上，将发未发，最有吸引人的力量。你也许觉得不满足，因为没有把结果交代出来。但唯其如此，才更富有启发性，更能引逗读者的联想和想象，这叫言有尽而意无穷。神龙见首不见尾，并不是没有尾，那尾在云中，若隐若现，更富有意趣和魅力。

2. 后二句写“没石饮羽”的奇迹，把时间推迟到翌日清晨（平明），将军搜寻猎物，发现中箭者并非猛虎，而是蹲石，令人读之始而惊异，继而嗟叹，原来箭竟“没在石棱中”，入石三分。这样写不仅更为曲折，有时间、场景变化，而且富于戏剧性。

凉州词

1. 孤城、羌笛、玉门关等。

2. 杨柳、大雁等。

关山月

1. 略。

2. 如：大漠孤烟直，长河落日圆。

夜上受降城闻笛

1. 似雪的沙漠和如霜的月光使受降城之夜显得格外空寂惨淡，也使诗人格外强烈地感受到置身边塞绝域的孤独，从而生出思乡情愫。

2. 略。

出塞

1. 说明边塞上的战争经历了很长时间，经历了许多朝代，从未停止。

2. 略。

古今兴亡

登金陵凤凰台

1. 颔联写六朝古都的历史遗迹，颈联写金陵美丽的自然风物；寄寓人事沧桑、自然永恒以及六朝兴废的感慨。

2. 比喻。忧君王为奸佞所蒙蔽，忧奸邪为非作歹，忧贤者（包括自己）不得任用，忧国忧君忧民。

蜀相

1. 仰慕诸葛亮非凡的才干和功业，有自叹不如的感慨。

2. 一方面表现了诸葛亮的精神对后人影响深远；另一方面表现了诗人的怀古伤今，深沉的叹惋和感伤。

八阵图

1. 诸葛亮。

2. 略。

春望

1. 望；山河；草木花鸟。

2. 面对沦陷的山河，一位满头白发的老人因焦虑忧愁而不停地挠头叹息。老人昔日那长长的头发如今纷纷断落，已经短得无法梳髻插簪。诗句所描写的这一细节，含蓄而深刻地表现了诗人忧国思家的情怀。

江南逢李龟年

1. 比喻国运衰微，人生落魄，盛世不再。

2. 略。

乌衣巷

1. 这首诗写诗人对世事沧桑、盛衰兴败的深沉感慨。

2. 略。

泊秦淮

1. 烟、水、月、沙、酒家、秦淮河。

2. 两个“笼”字描写出轻薄的烟雾和惨淡的月光笼罩着寒冷的水和细沙，描绘了一幅朦胧淡雅而又冷清愁寂的水边夜色图。

3. 略。

赤壁

1. 诗人观赏了古战场的遗物，对赤壁之战发表了独特的看法，认为周瑜胜利于侥幸，同时也抒发了诗人对国家兴亡的慨叹，有情有致。

2. 略。